U0611636

人才培养模式和课程建设研究

刘大可　主编

中国商务出版社
CHINA COMMERCE AND TRADE PRESS

图书在版编目（CIP）数据

人才培养模式和课程建设研究 / 刘大可主编.
—北京：中国商务出版社，2016.10
ISBN 978-7-5103-1649-4

Ⅰ. ①人… Ⅱ. ①刘… Ⅲ. ①高等学校－人才培养－
研究－中国②高等学校－课程建设－研究－中国 Ⅳ.
①G649

中国版本图书馆 CIP 数据核字（2016）第 250307 号

人才培养模式和课程建设研究

RENCAI PEIYANG MOSHI HE KECHENG JIANSHE YANJIU

刘大可　主编

出　　　版：中国商务出版社
地　　　址：北京市东城区安外东后巷 28 号　　　　邮　　编：100710
责任部门：经管与人文社科事业部（010-64255862　cctpress@163.com）
组稿编辑：王筱萌
责任编辑：王筱萌
直销客服：010-64255862
传　　　真：010-64255862
总 发 行：中国商务出版社发行部（010-64266193　64515150）
网购零售：中国商务出版社淘宝店（010-64286917）
网　　　址：http://www.cctpress.com
网　　　店：http://cctpress.taobao.com
邮　　　箱：cctp@cctpress.com
排　　　版：北京通润四达企业形象策划有限责任公司
印　　　刷：北京墨阁印刷有限公司
开　　　本：787 毫米×980 毫米　1/16
印　　　张：9.5　　　　　　　　　　　　字　　数：175 千字
版　　　次：2016 年 10 月第 1 版　　　　　印　　次：2016 年 10 月第 1 次印刷
书　　　号：ISBN 978-7-5103-1649-4
定　　　价：42.00 元

高校人才培养的过程既需要进行教学模式的探索，又需要进行课程和教材的创新。然而，谁来落实这些探索和创新呢？显然，对一个立足高等教育第一线的专业学院来说，既需要专业教师的努力，又需要辅导员以及行政管理人员的配合，只有形成"全员育人"的格局，充分发挥每一个教职员工的积极性，才能为青年学生的健康成长营造更好的氛围。以北京第二外国语学院经贸与会展学院教职员工为主要作者团队完成的这部教学研究成果，是针对新世纪前后出生的青年学生培养方法和方式的有效探索，是学院教职员工紧跟时代步伐，与时俱进，不断探索的精神结晶。

从研究成果涵盖的内容看，本书主要体现了如下四个特点：

第一，高度关注信息时代下教育教学模式的探索。例如，刘一姣博士的《中国高校发展MOOC的制约因素与出路探究》、罗立彬博士的《微信应用与案例教学效果改进》、高静老师的《研究生信息素养课程教学模式的MOOC化优势》等文章，从如何应用微信提高教学效果、如何发展MOOC等视角，深入探讨了现代信息技术在教育教学中的应用。

第二，高度关注多学科培养人才过程中的"跨界与融合"。例如，王馨欣老师的《"跨界与融合"思维在会展教学中的应用与创新》一文，以"展览展示设计"课程为例，详细探讨了如何利用"跨界与融合"的思维提升展览展示设计的教学效果；陈刚老师的《朋辈导师视角下的"自案例"型实践教学模式的研究》则是从"临床解剖学"获取灵感，为会展专业的实践教学提供了新的模式。

第三，以创新为导向，探索传统专业人才培养的新活力。例如，韩景华教授的《依托精品课程建设，探索创新型人才培养新模式》、王起静教授的《国内外会展专业实习模式比较研究》、高凌江博士的《我国会展专业人才培养模式创新研究》、孙俊新博士等的《国际文化贸易专业人才培养的现状和问题研究》、程艳博士的《以案例教学推动会展课堂教学模式改革的实践与探索》等，从课程建设、培养模式、案例教学、实践与实习等多个视角，为传统专业人才培养质量的提升指出了创新路径。

第四，以人为本，高度关注青年学生的全面成长。马宜斐老师的《大学生社交与情绪学习现状调查》以及杨凯老师的《基于学生体验视角的双语课程教学效果评价原则研究》，从学生社交、情绪和体验等视角，关注到学生成长的情感与细节问题；刘睿基老师的《全员育人——高校人才培养模式创新的有益探索》、刘畅博士的《会展人才综合能力培养模式研究》、许忠伟博士《对北京高校培养会展专业人才的思考》等文章中，强调了"全员育人、全方位育人"的理念和促进学生全面成长的目标。

伴随着社会、经济、技术、文化等方面的迅速发展，当前的高等教育面临着各种各样的挑战，如何为新时代的青年学生提供高质量的教育，如何通过高校的教育来引导他们选择正确的价值取向和职业路径，已经成为高校亟须解决的重要课题。经贸与会展学院的教师们能够结合自己的专业特点和教学经验，从信息技术、跨界融合、创新创业等视角，深入探索新的时代背景下教育和人才培养的方法和路径，对全面提升学院的教育教学质量肯定会起到积极的作用。

当然，每所学校都会有自己的风格，每个专业也都有自己的特色，经贸与会展学院教师们结合自身实际做出的这些探索与实践，可能存在不少有待深入研究和商榷的地方。我们真诚希望能够听到来自各方面的批评和建议，力争将这些研究做得更好！

刘大可

2016 年 8 月于北京

目 录

Contents

上　篇

人才培养模式研究

依托精品课程建设，探索创新型
人才培养新模式

韩景华

摘要：创新型人才培养是国家发展的决定性因素。本文总结了"微观经济学"精品课程建设的实践和经验，提出应通过教学改革创新，培养具有国际化视野、差异化竞争优势的创新型人才，应加强课程团队建设，凝练教学特色，以科研引领教学提升创新型人才培养水平等举措。

"微观经济学"精品课程是北京第二外国语学院校级精品课程建设项目。从该项目立项、项目实施到结项后持续建设，在许多方面做出了有益的探索。在项目实施过程中，强调教育教学指导思想、方法、方式的创新，采用启发式、案例式、研究式的教学方法，培养学生运用基本原理、方法及模型解释现实问题的能力。跟踪经济学前沿理论的发展，不断更新拓展教学内容，努力把经济学学科的科学思想、科研手段和方法传授给学生。结合学生的专业，通过指导学生撰写课程论文，使其理解教学内容，反馈问题。着力培养学生创新素质、创业能力。坚持教学科研互动和教学相长，将科研项目、科研成果作为重要的教学资源带进课堂。通过讲授专业课程、做专题讲座和学术报告、编写教材、指导学生毕业论文和本科生科研立项等方式，将科研成果转化为教学资源，实践效果显著，学生的创新精神、创新能力得到了提升，为探索国际化、有竞争力的应用型人才培养累积了宝贵的经验。

一、通过教学改革创新，培养具有国际化视野、差异化竞争优势的创新型人才

1. 教育教学指导思想的改革和创新

适应人才培养国际化要求，努力培养国际化、创新型、有差异化竞争优势的人才，着力提升学生分析问题、解决问题的能力。

在"微观经济学"精品课程教学实践中增加了全球化和中国国情的经济学分析。结合具体的案例，让学生模拟整个模型的分析过程，找出模型中相应变量，

对世界和中国经济问题进行研究，以加深对经济学基础理论的理解和掌握，使学生的假设能力、分析能力、推理能力以及解决问题能力得到提高，适应全球化时代创新人才需要。

精品课程建设着重培养学生的创新精神和实践能力，提高学生分析、解决问题的能力。教师研究性的教，以学生素质发展为目的，研究确定符合学生实际的教学方法；学生研究性的学，以知识结构为根据，对客观事物进行直接的认识，它包括对事物的独立思考、独立判断。

2. 教育教学方法的改革和创新

在精品课程建设过程中，项目主持人及项目组成员不断完善现代化教学手段，注重现代化教学手段与实际教学效果的结合，采用生动的、适合学生特点的课件，强化教学效果。在教育教学方法的改革实践中，教师采取启发式、案例式、研究性的教学方法，遵循"提出问题—分析讨论问题—解决问题"思路，把经济学基础课教学变为发展学生思维的训练课，使学生掌握基本的经济学知识，具备较高的分析能力、推理能力，会用经济学基本原理解释经济中的实际问题，培养学生的创新思维能力。

3. 教育教学方式的改革和创新

拟定问题，资料准备；组织问题小组，研究论证；PPT 展示，专题研讨，同学指出问题，老师点评；成果交流，撰写课程论文。

经济学的课堂是国际化、创新型课堂，书本知识应与社会实践相联系。启发式、案例式、研究性的教学方法在教学中发挥着重要的作用，它能培养学生创新精神和实践能力，提高学生的分析能力。创新化的教育教学使学生能更好地走向世界，具备国际化视野，成为具有特色的、差异化竞争优势的人才。

任课教师制作了系统的电子版教案、多媒体课件，并附上一定的参考文献资料；统一制作具有代表性的课程教学大纲、电子教案、重点和难点问题解答、案例分析、习题讲解等。

4. 走出去、请进来，加强课程主讲教师对外交流

在课程建设和实践过程中，具有丰富教学经验的老教师对年轻教师进行"传帮带"，使其教学水平和教学效果有明显提高。采取走出去、请进来的办法，加强课程主讲教师的对外交流，学习兄弟学校经验，进一步提高本课程的整体教学水平。

5. 带动了系列相关课程教育教学的改革和创新

通过"微观经济学"精品课程的建设，带动了本学科一批课程如国际贸易、对外贸易概论、国际技术贸易、财政学等课程在教育教学方法、方式等方面的改

革和创新。"微观经济学"精品课程的建设对经济类、管理类专业课程具有示范作用，其教学指导思想、教学方法、教学方式及其教学成果具有较高的推广价值。在精品课程建设项目的带动下，越来越多的经济类课程教学改革得到了进一步深化。案例式、研究式、启发式的教学方法和方式适应经济全球化趋势，极大地激发了学生的学习热情和探求知识的渴望，进一步提升了学生获取知识的能力。

6. 产学研、创业创新实践环节取得很好的效果

在强化教学同时，积极开展学生科研立项指导及产学研基地、创新创业基地建设工作，该精品课程建设项目主持人指导本科大学生科研训练项目 20 多项，研究生产学研培养基地建设项目 2 项、创业创新基地建设项目 1 项。在精品课程建设过程中，吸收一些能力强的学生参与到教师的研究课题，提高了学生的科研能力。

二、整合优化教学资源，凝练教学特色，推进课程教学团队建设

为适应教育教学改革和发展需要，近年来，该精品课程项目主持人及其团队成员积极探索教学规律，构建了一支结构合理、教学水平高、教学效果好的教师队伍。积极开展教学研究，努力进行教学内容和教学方法的改革，使经济学科系列课程的整体教学水平和教学效果有了明显提高。进一步运用现代教学方法，全面实现教学技术和教学手段的现代化。加强课程的教学管理，健全课程的教学档案。完善课程建设资源（包括教学大纲、实践指导、教案、教学课件、案例库、习题、试题库、参考文献、课程录像等），规范教学辅助材料并对其进行整理，与其他专业课程进行更好的衔接和配合。积极开展建立以课程教学为主的网页准备工作。努力培育学科的特色化亮点和差异化优势，培养具有国际合作意识、交往能力和竞争优势的创新型人才。

1. 整合优化教学资源，凝练教学特色

在精品课程建设基础上，负责人整合学院从事经济学科的教学科研力量，合力进行教育教学和学术研究，开展团队建设工作。团队以精品课程建设为基础，以经济学系列课程建设为平台，紧密结合经济学科发展，高效率、高质量地开展课程建设和科学研究，组成老中青教师搭配，职称和知识结构合理，适应课程建设和专业可持续发展的需要。

经济学属于人文社会科学。人文社会科学的特点是，一方面要重视课程的基本概念、基本理论框架和主要理论的介绍，另一方面，还要与时俱进，及时、适当地介绍本学科的最新动态和新的发展，将当前的教学改革和科研成果引入课程

教学，使课程教学内容在保持基础性的同时，不断提高课程内容的时代性和前沿性。

团队教师正在积极编写水平较高、特色突出、受学生欢迎的经济学系列课程的教材，包括微宏观经济学、国际经济学、当代西方经济学流派、国际贸易等系列教材，使这些系列课程教学形成一个比较完整的体系。同时，为满足教学需要，也积极引进外文原版教材。着手编写上述教材配套的教学指导书、重难点问题解答、习题讲解等辅助教材。

2. 团队创新意识强，教学改革成果显著

团队始终坚持以教学为中心，在提高教学质量的同时，不断改革教学方法和改进教学手段，取得了一系列的教学改革和课程建设成果。教学团队的"微观经济学"是校级精品课程，团队成员在一些课程教学中实行"双语教学"，在绝大多数课程授课中采用案例式、研究式教学方法，取得显著成果。所有课程均开发了教学课件，部分教学资源实现上网。在积极进行教学改革和精品课程建设的同时，教学团队还十分重视实践教学建设。团队专业教师实践经验丰富，积极探索课堂实务—校内实训—岗位实践的实践教学模式，积极探索应用型人才培养的途径，进行了人才培养模式的改革。

团队秉持传统、勇于创新，围绕学生专业能力培养，不断挖掘创新，在课程设置，教材、教学大纲、教学方案、教学方式、考核方式建设，网络模拟教学等方面形成了鲜明的系统性特色；在教学实践和教学改革的过程中，建成了一支专业素质好、教学水平高的师资队伍。

在教学实践中，努力把经济学科的科学思想、科学精神、科研手段和方法等内涵传授给学生，使学生了解学科中的问题和争议、前沿和热点。学生通过撰写课程论文，理解教学内容，反馈问题，学生的创新素质、创业能力得到培养和提高。

3. 团队建设目标明确

为适应经济学教育发展和教学改革的需要，在未来的几年内，努力使团队师资队伍更加合理，教学内容和方法更加科学，将经济学教学团队建设成为北京市高等教育系统内较有影响的团队。积极申请北京市精品课程、北京市教学团队、北京市教育教学改革项目及北京教育科学规划项目，力争在国家级项目上有所突破。

指派具有丰富教学经验的高级职称教师对年轻教师进行具体培养和指导；坚持集体备课、评课，提高青年教师对课程的理解；采取走出去、请进来的方法，加强课程主讲教师对外交流，学习兄弟学校经验，进一步提高本课程的整体教学水平；在教学辅助资料建设、网络课堂建设中，充分发挥青年教师的作用；通过研讨课程建设内容、建设方式、课程建设任务等，全面提高青年教师的教学能力和水平；支持青年教师接受海外培训，提升双语教学能力和跨文化沟通能力；支持青年教师到相关企业或机构实践，进一步促进教学质量的提高；以科研项目形式带领青年教师从事科研工作，为实现教学、科研良性互动提供外部条件。

三、科研引领教学，提升创新型人才培养水平

精品课程项目组成员注重教学内容更新，坚持教学、科研互动和教学相长，将科研成果引入教学中，跟踪经济学前沿理论的发展，不断更新拓展教学内容。具体做法有：

1. 将科研项目、科研成果作为重要的教学资源带进课堂

坚持教学与科研相长，以教学和人才培养为中心，积极进行科学研究，采取多种途径和方式使研究成果应用于教学和人才培养。通过负责人和项目组老师开设的专业基础课和专业课、讲座、学术报告、教材编写、指导学生毕业论文和本科生科研立项等方式，将科研成果转化为教学资源，并取得了明显成效。

2. 传授经济学科的科学思想、科研手段、科研方法

在教学实践中，努力把国际贸易学科的科学思想、科学精神、科研手段和方法等内涵传授给学生，使学生了解学科中的问题和争议、前沿和热点。在授课过程中，为本科生介绍自由贸易区理论和实践、全球价值链理论、国际产业转移理论和实践等。

3. 吸收优秀本科生参与教师科研项目、撰写论文，提高了创新型人才的培养水平

吸收优秀本科生参与到项目当中，2012、2013级本科生十余人参与《首都商业服务贸易发展报告》的研究和撰写工作，科研能力和创新能力得到提高，其中，部分学生获得了免写毕业论文的资格。

4. 指导本科生和研究生科研立项

指导大学生科研训练项目和研究生科研创新项目 20 余项，如 2011 年大学生科学研究训练计划（SRTP）优秀项目《从经济学角度看缓解北京交通拥挤问题》的研究，大学生（国家级）创新创业训练计划《居民幸福指数与当地经济发展的关系》和《养生观念对饮品市场的影响》项目，大学生科研训练计划立项项目（市级）《外资超市对本土超市的影响研究——以"沃尔玛"为例》《浙江义乌中小企业融资方式调查与市场改进研究》《水泥厂的低碳经济》《北京市周边旅游业的发展对经济影响》《一国两制对香港及大陆的经济影响》《中国东北中俄经济发

展及贸易交流》《中国企业恶性竞争问题的调查分析和研究》《探究苹果品牌在电子市场独占鳌头的原因》和《从国产木地板行业探寻中国家装业低碳经济之路》。

参考文献

韩景华. 世界城市建设背景下创新型人才培养研究 [J]. 北京教育（高教版），
  2011（12）.

中国高校发展 MOOC 的制约因素与出路探究

刘一姣 *

摘要：MOOC 概念冲击全球高等教育领域已近四年，然而，纵观中国高校，可以发现，MOOC 的发展在一定程度上呈现出曲高和寡之势。从外因来看，高校管理者、教师、教育技术力量均对 MOOC 的供给形成制约，学习者对 MOOC 的需求不够强烈。从内因来看，MOOC 屏蔽了实体课堂教学的育人功能，不利于学生的全面发展。针对上述制约因素，中国高校应积极应对，居安思危。高校管理者应针对教师、学生、教育技术人员及校外资源做好顶层设计，充分发挥其分别作为 MOOC 发展的基础、灵魂、支撑及援手的作用。在基层实施的过程中，应回答好"谁来教""教什么""教给谁""如何教"等问题。

关键词：中国高校　MOOC　制约因素　出路

一、引言

一般认为，MOOC（Massive，Open，Online Courses，大规模开放式网络课程）的出现始于 2008 年美国可汗学院的成立。孟加拉裔美籍股票分析师萨尔曼·可汗（Salman Khan）在为亲戚辅导数学课程时，无意中成就了 MOOC 的"首秀"。2011 年秋天，美国斯坦福大学计算机教授通过互联网分享其《人工智能导论》课程，惠及了来自 190 多个国家的 16 万名学习者[1]。不久后，斯坦福大学先后创立了 Udacity 和 Coursera 两大 MOOC 平台。Udacity、Coursera、edX 三大平台呈现井喷式发展的 2012 年，被纽约时报定义为"MOOC 元年"。迄今，三巨头中规模最大的 Coursera 已能提供来自世界百余所大学的约 1800 门课程①。

相比传统的网络公开课，MOOC 呈现出短小有趣、互动共享、限时开放的

---

* 北京第二外国语学院经贸与会展学院国际贸易系讲师，经济学博士，从事国际贸易专业的教学及研究。

特点[2]，被誉为"印刷术发明以来教育的最大革新"。它一出现就在北美和欧洲引起轰动，世界各经济体的顶尖大学都对之极为重视，各界精英及多个国际机构也都对之高度关注。人们不约而同地意识到，MOOC在促进优质教育资源扁平化扩散、深刻变革知识传授模式与学习方式的同时，也将加剧大学之间、国家之间的人才竞争。

面对汹涌来袭的MOOC热潮，基于国内外经验与中国国情，中央及地方共六所广播电视大学于2012年实现了华丽转身，相继建立了开放大学。2013年，中国高校一方面纷纷加入国际MOOC平台——清华大学、北京大学加盟edX，复旦大学、上海交通大学加盟Coursera，另一方面，也掀起了自建MOOC平台的高潮——其中，以清华大学同年10月创立的"学堂在线"最为知名。北京第二外国语学院基于自身特色优势，开创了国内以双语教学建设MOOC的先例——BOOM课堂②。然而，相比国外高等教育领域，MOOC在中国高校的发展更多地还是局限在宣传上，与MOOC相关的论坛会议、培训学习、方案计划不少，但实质性的推进行动并不多见，大多数高校还处在犹豫或观望阶段，已经在建的MOOC也由于各种原因遭遇了一些困境。在此背景下，客观分析其制约因素，理性探究其对策出路，对于中国高校MOOC的发展意义重大。

二、中国高校发展MOOC的制约因素

尽管MOOC顺应了大数据时代数字原住民的学习习惯，促进了教育的民主化，强化了大学的社会服务功能，并极大拓展了教与学的内涵和外延，但MOOC在中国高校的发展一定程度上仍呈现出曲高和寡之势。下面从外因、内因两个方面来分析中国高校发展MOOC所面临的制约因素。

(一) 外在制约因素

外在制约因素是指由MOOC之外的各个主体所带来的制约因素，它与MOOC自身的特性无关。概言之，中国高校发展MOOC远未形成一条完整的产业链，在现有高校体制机制的框架下，MOOC发展的动力不足。从经济学视角来看，MOOC在中国高校的发展更多地属于自上而下的行政行为，而非自下而上的市场行为。如果将MOOC视为一种"产品"，我们可以从供给、需求两个角度来判断它的现实可行性。

从供给角度来看，中国高校发展MOOC所需的"生产要素"供给乏力。可以从以下三个主体出发，逐一分析：

1. 决策者与管理者的战略眼光及全局意识不足

尽管各高校面对MOOC徘徊不前的原因多种多样，但高校决策者与管理者

的战略眼光及全局意识不足却是一个共性因素。他们踯躅于 MOOC 商业盈利模式的模糊性与发展的不确定性，倾向于待一切柳暗花明之后再适时而动，而未站在大学生存、国际挑战的战略高度，深入思量如何抓住宝贵的先机，以在这场教育浪潮中占领制高点、把握主动权。

2. 由于缺乏激励机制，教师参与 MOOC 的积极性不高

曾有美国大学在把其他学校的课程搬上网络供学生选择时，引起了轩然大波，招致了部分老师的极力抵制。目前，在中国高校，多数教师对 MOOC 的态度往往是既不激烈反对，也未积极参与。教师对 MOOC 的关注度及迎接变革的主动性普遍不高，能够对 MOOC 的主要特点、运行模式都很清楚的教师并不多，不少教师从未登录过国内外的主要 MOOC 平台。

究其原因，从主观来看，教师们已熟悉并适应了传统的教学方式，对自己所教的课程都已投入了多年的精力，求新求变的积极性不强。从客观来看，由于 MOOC 既要求教师们要在课程设计、内容分解、教学方法、测试考评、互动交流、资源扩展等方面下硬功夫（例如，需要设计大量的选择、判断等客观题来对学习者进行测评），又要求作为"数字时代移民"的教师大幅提高电脑操作技能，但长期的非数字化学习经历和工作环境，使许多教师面对日新月异的数字技术反应迟滞，力不从心。而现行的高校考核评价体系对发展 MOOC 方面的投入又鲜有体系化的激励机制，可以说这在一定程度上对 MOOC 在高校的发展步伐形成了束缚。因此，一线教师对 MOOC 的认知便是"费时费力革自己的命"，采取的态度往往是无声的抵制——不表态、不参与。

3. 教育技术力量不足，与教育变革的结合不够深入

首先，与网络公开课等传统的在线教育相比，MOOC 的重大进步之一就在于，成功地将在线学习、社交服务、云存储、大数据分析等技术融为一体，实现了大规模、多面向的实时互动反馈，由此引发了教师教学与学生学习方式的巨大变化。

反观多数中国高校，教育技术中心的装备水平不够先进，技术力量不够雄厚。同时，教育技术工作人员往往不直接参与一线教学，即使参与，也仅限于计算机或信息技术类课程。对于教学中的软硬件故障，他们能够及时解决；对于最新教育技术的应用与推广，则往往缺乏深入的思考；在迎接 MOOC 变革的挑战，大力度扶持一线教师参与 MOOC 制作方面，就更显得力量薄弱，从而形成了阻碍 MOOC 发展的另一个不利因素。

其次，从需求角度来看，中国高校发展 MOOC 所面临的需求定位尚未明晰，需求强度尚未坚挺。虽然大学生自学 MOOC 越来越普遍，但他们往往止步于对课程资源的随意浏览或浅层次的学习。即便是注册了课程，"善始恶终"的情况

也比比皆是。可以从以下两个方面分析其原因：

1. 学习态度不够主动。经历了严酷的高考后，中国高校的许多学生完成了从"应试学习"向"快乐学习"的迅速逆转。在现行的高校教学模式中，他们更多的是被动学习者，难以实现学习的自我调控，而 MOOC 模式要求学生承担更多的学习责任，成为自主学习者。

2. 学习动机不够强烈。内心需求的力量远大于外部灌输，学生为了谋求生存与发展，内心需求最强烈的是学分、是就业、是深造。与此相应，实习实践、证书考试、竞技比赛，才是当代大学生学习生活中的优先选项和主流选择。而中国高校 MOOC 平台所能提供的内容尚不能与学生的实际需求实现无缝对接，因此，自然难获青睐。

（二）内在制约因素

内在制约因素是指由 MOOC 自身的特点所带来的制约因素，它与 MOOC 运行模式中的其他主体无关。曾有数百名学生通过在 edX 平台上的学习，拿到了加州伯克利大学开设的计算机课程的学分，并被该大学推荐至谷歌、微软等公司工作。但用人公司对这些毕业生的工作绩效并不甚满意。这引起了人们对 MOOC 成效的深刻反思。概言之，MOOC 无法完成对"缄默的知识"的传递③，削弱了学生的人际交往能力、团结协作意识与集体归属感，不利于学生的全面发展和综合素质的提高。

首先，现代教育技术理论可以为上述论断提供理论支持。提出暗示教学法的保加利亚暗示学专家洛扎诺夫认为，在人的有意识的心理活动外围，还存在着模糊的、无意识的心理活动。其实无意识状态是创造力的假消极状态，对于开发人的心理潜力具有特殊的功能。恰恰是在这种精神放松状态下的、无意识的心理活动，才最有利于激发人的超强记忆力和创造力。教师在教学中，学生有意注意的中心是教学内容，同时，也受到教师的语调、眼神、表情、教态的影响[3]。在现实的教学情境中，集体学习的氛围、学习同伴之间的相互启发、简单的身体语言、随机出现的师生共鸣、生生共鸣以及教师的灵感突发，都有助于刺激、调动学生的无意注意。当学生在放松的精神状态下将有意注意与无意注意相结合，便可迸发出超强的能力，从而提高学习效率。

其次，现实教学经验可以为上述论断提供实践佐证。中国戏曲学院党委宣传部冯海荣部长曾指出，教育是一门需要用心的职业。例如，戏曲艺术教育秉承的是"口传心授"之法。学生面对教师时接收到的不只是知识、技能方面的信息，更有教师个人魅力修养对学生做人做事的示范[4]。学生对教师的观察是细致入微的、全方位的，教师的风格、品行、待人处事的生活态度往往都是在日常教学的一举一动中，在与学生近距离的情感交流中，潜移默化地以"意会"的方式感染学生。

回望经济社会发展史，几乎每一次技术进步都会在一定程度上削弱人的能力。科技固然可以突破时空的限制，使学生与人类灵魂工程师的接触近在鼠标一击之间，然而必须承认的是，在帮助学生确立科学、正确的价值观方面，单打独斗的 MOOC 难以胜任，仅能"言传"的效果远不及既能"言传"、又能"身教"的实体教室教学。而反观我们所处的社会现状：信息海量，价值多元，竞争激烈，生存压力巨大，各种社会现象迭起。若着眼于中国高校毕业生的全面发展，乃至虑及社会文明的整体进步，忽视传统课堂对学生品德习性与人格素养的锤炼与熏陶，着实令人担忧。

除了在传递"缄默的知识"方面的局限性之外，还有很多中国高校发展 MOOC 的内在制约因素需要关注。例如：学生的"隐形"舞弊，普通高校及非一流教师在强者为王的环境中所处的生存困境，因材施教的欠缺和大规模教学对教学质量的影响，以客观题为主的在线测评机制对于人文、艺术类课程而言的不尽合理性，学术隐私及知识产权问题等。

三、中国高校发展 MOOC 的出路

放眼全球，"世界是平的"，移动互联网正轰轰烈烈地变革着众多传统行业，高等教育也不例外。可以断言，以 MOOC 为代表的在线教育 2.0 时代已经不可逆转。那么，在高等教育变革的洪流中，身处全球第二大经济体的中国高校应何去何从？理性来看，与其因噎废食，消极敷衍，不如迎接挑战，积极运筹。下面从顶层设计与基层实施两个层面，来探讨中国高校发展 MOOC 的出路。

（一）四个方面的顶层设计

高校决策者与管理者应具有开放的心态、超前的视野、担当的精神、创新的勇气，从战略高度全面支持 MOOC 发展。唯有如此，中层管理人员和一线教职人员才能敢于迎难而上。2013 至 2014 年，在发展 MOOC 方面处于领先地位的京、沪四所高校均具有一个共性，即学校的领导者对 MOOC 的推进积极而又果断。可以说，针对教师、学生、教育技术人员及校外资源的顶层设计，在很大程度上决定着 MOOC 在中国高校发展的未来走向。

首先，教师是中国高校发展 MOOC 的基础。

好的制度激发好的绩效。应制定多样化的考核评价体系，使与 MOOC 相关的工作量能够涵盖在现有的考评体系之内，为参与 MOOC 的教师提供充足而顺畅的制度保障，免去他们参与 MOOC 建设的后顾之忧。只有当真正潜心教学的

教师能够得到应有的激励，他们才会充分发挥主观能动性，甘愿放弃传统的教学经验和课程体系，花费大量的时间精力去重新设计、分解、再造原本熟悉的教学内容。否则，MOOC的"舞台"即便搭建上，上演的"节目"也没有真正的生命力可言，更妄谈促进师资交流，提升教学水平了。

北京大学校办于2013年3月印发的《关于积极推进网络开放课程建设的意见》提出，对于参与网络开放课程建设与教学活动的教师，学校将提供相应的经费支持和奖励；华东师范大学建立的MOOCs@ECNU平台提出了"来自教师、为了教师、成就教师"的建设理念；清华大学"学堂在线"还对自愿实施双语MOOC教学的教师制定了激励政策。我们期待着随着高校发展MOOC的探索逐步深入，对教师的激励机制能够体系化、常态化。

其次，学生是中国高校发展MOOC的灵魂。

与高校中所有其他的教学资源一样，MOOC的受众群体主要是学生，而学分是学生毕业、深造、求职的重要资本。要使高校中的MOOC具有持久的生命力，必须将满足学生对学分的基本需求置于首位。首先，在本校内部，应将MOOC的学分认证与传统的学分考试平台打通，使得通过MOOC获得的学分与通过传统考试获取的学分在效力上完全一致，从而吸引学生到MOOC平台上获得学分。其次，在校际之间，应改进传统的校际交流合作，不断推动国内校际、国际校际的学分互认，为学生畅游"地球村"铺平道路。此外，MOOC启动前的问卷调查和意见征询，启动后的学习者、助教、评价者、助学者等不同角色，都离不开学生的支持和参与。"干中学"诚然可行，"摸着石头过河"未尝不可，但如果能够在制度设计之初就将细节尽量考虑周全，无疑会使MOOC的建设进程更加顺畅、高效。除了构建学分认证体系之外，还应有针对性地制定、实施关于MOOC学习的管理制度或纪律规定，落实图像识别、打字节奏识别等身份认证技术的应用，尽可能地预防学生在网上学习过程中的抄袭、作弊行为，从而确保通过MOOC学习所获学分、证书的含金量。

再次，教育技术人员是中国高校发展MOOC的支撑。

从课程视频的制作、测验与评价的设计，到课程资源与同步、异步互动讨论区的管理，再到后期大数据的分析，MOOC在中国高校的发展离不开教育技术人员的支持。

各大高校基本都已设有教育技术中心，在以信息化促进教学方面已有一定的积淀。应基于已有的机构和人员，适度改革，构建一套适应MOOC发展之需的权责明确的运行机制，培育一支业务精湛的技术支撑队伍。还需建立更富针对性的考评体系，有效提升教育技术人员的工作积极性，建立更具合理性的经费投入机制，切实保障 MOOC 建设的资金需求。此外，还可通过设立专项课题等方式，鼓励教育技术人员密切跟踪国外 MOOC 发展的焦点问题及前沿趋势，定期为 MOOC 建设提供合理化建议，支撑与引领 MOOC 的发展。

最后，校外资源是中国高校发展 MOOC 的援手。

短期来看，依靠自身的内部资源，各校即有望建成 MOOC 的雏形，或嵌入已有的平台。但中期来看，上述顶层设计离不开中央及地方政府在政策、法规、资金等方面对高校发展 MOOC 的大力扶持，也离不开本校与其他高校在平台利用、平台共建、学分认定、联合谈判等方面的互利合作。已具备多年远程教学实战经验的各广播电视大学如果能与精英大学两相结合，取长补短，资源共享，将十分有利于构建有中国特色的 MOOC 体系④。长期来看，考虑到经济因素，高校发展 MOOC 还离不开企业等市场机构的参与，以实现开源节流。如果说政府的单向支持直接决定着中国高校发展 MOOC 的整体战略，那么，与其他高校或企业的双向合作则影响着单个高校发展 MOOC 的个性化策略。

在短暂的国内外 MOOC 发展过程中，"政府—高校—学习者—企业"多方共赢的思路已有例可循。北京大学在 2013 年 7 月开设 MOOC 之初，就接受了某集团 500 万元的捐赠，部分课程接受了企业冠名⑤。2013 年 10 月，由清华大学创立的"学堂在线"积极与政府、其他高校、企业合作，让行政体制与市场机制共同发挥作用，形成了以"学堂在线"平台为依托，以教育部在线教育研究中心和慕华教育科技公司为支撑的"一体两翼"的可持续发展模式。非营利性质的 edX 平台也于 2014 年与谷歌合作打造了 MOOC.org。

（二）四位一体的基层实施

现代教育技术理论认为，现代教学过程包含四要素：谁来教（教师）、教什么（教学内容及资源）、教给谁（学生）、如何教（教学媒体）。下文对中国高校发展 MOOC 基层实施层面的探讨即依此进行。

首先，谁来教？

第一，什么样的老师适合从事 MOOC 教学？已有的中国高校 MOOC 实践经验表明，具有以下特点的教师是从事 MOOC 教学的适合人选。首先，热衷教学，甘于付出。其次，教学经验丰富，熟悉教育技术，善于表达（甚至表演），不怵摄像头。再次，MOOC 中的"M"即"Massive"的首字母，意为"大规模"；第一个"O"即"Open"的首字母，意为"开放式"。一旦大规模开放，海量的评价就会汹涌而来。因此，从事 MOOC 教学的老师还必须具备豁达的心态和较强的心理承受能力，能够悦纳评判。

第二，参与 MOOC 的教师应注意什么？首先，克服隔膜、化敌为友、终身学习、提升自我，是教师参与 MOOC 应持有的态度。其次，成熟的 MOOC 模式需要多层次、多梯度的专业团队去维持其运转。例如，常常需要学生作为助教，帮助教师力所能及地处理互动反馈等教学事务，有时还需要校外资源的锦上添花。因此，同事协作、师生协作、校内外资源协作，应是教师参与 MOOC 的发展之道。

其次，教什么？

第一，什么样的教学内容及资源适合以 MOOC 去改造？每所高校推进 MOOC，总要经历从无到有、从少到多、循序渐进的过程。在具体课程（MOOC 中的"C"即"Courses"）的选择上，应"因校制宜"、凝练特色、突出优势。经验表明，高校中的以下几类课程较为适合向 MOOC 转型。其一，能够彰显中国气派、人文情怀、民族科学文化底蕴的特色课程[5]，例如中医学，这尤其有利于国产 MOOC 的国际竞争。其二，语言类课程、理工类以科学原理为主要内容的课程、新型跨学科课程。其三，受益面较广的专业基础课、以往众多学生想选修却囿于教室容量而未能选修上的热门公共选修课、通识类课程、通常利用工作日晚上和周末进行集中面授的继续教育课程。

第二，什么样的教学内容及资源适合以 MOOC 去开辟？近年来，中国高校毕业生就业压力巨大，其中一个重要原因就是，传统大学中针对就业必备技能的培训十分欠缺，尤其是面向高人力附加值的服务业、信息技术等行业的培训。社会上甚至出现了本科生毕业后到高职院校"再深造"，增强就业本领的现象。因此，MOOC 最具潜力的一个应用领域在于，满足经济社会发展要求和学生自身的发展需求，打造分众化、个性化的就业技能与职业培训课程。以全新的教学形式促进更接地气的教学内容的开发，不仅是确保高校 MOOC 强劲需求之解，也是填补高校教育与实际工作之间知识技能鸿沟的有效途径。对企业"用工荒"与大学生"就业难"这对矛盾的缓解正是 MOOC 社会价值的重要体现。

再次，教给谁？

第一，什么样的学生是 MOOC 需求培育的校内重点？在中国高校推进 MOOC 的初期阶段，往往会为学生提供传统教学与 MOOC 教学两种选择。总的来说，MOOC 适合于特别有精力、真正有求知欲、有自制力去主动汲取、甚或创造更多知识的学生。明晰这一点，有助于各校更好地确立先期推进 MOOC 的课程。

第二，什么样的社会人员是 MOOC 需求培育的校外目标？一项针对 Coursera 平台注册用户的数据统计表明，该平台上的学习者年龄中值为 35 岁，其中 73.3% 是全职人士，19.7% 是失业人士[6]。据此推断，对继续教育的需求明确、学习动机强烈的广大社会人员，是中国高校发展 MOOC 不可忽视的一个需求群体。此外，对于医疗等涉及专门知识、技能的行业从业人员来说，MOOC 大有用武之地：2014 年 4 月 20 日，人民卫生出版社就携手 182 家医学高等院校，高调启动了 MOOC 平台中国医学教育 MOOC 联盟建设。

前述针对学生的顶层设计，即学分认定的问题，如果能够得以解决，MOOC 迎合就业需求、充分与职业技能培训相结合的问题如果能够得以落实，那么就不愁没有学生来积极地参与 MOOC 的学习，甚至这才是增强 MOOC 经济可行性的最为可能的方向。

最后，如何教？

第一，O2O⑦，中国高校发展 MOOC 的大势所趋？MOOC 中的第二个"O"即"Online"的首字母，代表着"线上"，它界定了 MOOC 教学的主要途径。然而，上文所分析的 MOOC 发展的内在制约因素表明，MOOC 不可能完全替代传统教室中面对面的教学，尤其是其所具有的"育人"属性。如果说传统教育是治病救人的"医院"，那么 MOOC 就是诊断健康状况、改进体质的"健身房"⑧，即它不能脱离传统课堂单打独斗，而必须与线下教学有机结合起来。高校教育应将单纯的信息传递环节安排给 MOOC 去完成，而在实体教室内更多地关注学生思维能力及内在素质的培养。线上 MOOC、线下翻转课堂的珠联璧合早已在可汗学院的探索中获得成功，也原本就涵盖于 edX 平台建设的初衷之内。"教育产业的 O2O"既是整个中国高校教育的未来趋势，也是高校永存的充分理由。

第二，翻转课堂（Flipped class），中国高校发展 MOOC 的题中之意？2007 年，美国科罗拉多州的两位中学化学教师开展了"先学后教"教学模式的实验：他们预先录制教学视频，要求学生课前在家观看，课上教师仅针对学生的疑问进行个性化、互动式的指导。这一基于互联网技术的教学模式当即取得了很好的效果，随后被媒体冠以"翻转课堂"之名迅速传播开来[6]。可见，有了 MOOC 的帮助，知识传授被"翻转"至课前，由学生自行完成课程主体内容的学习。通常被置于课后的练习、答疑等活动则被"翻转"至教室当中，教师从"台上的权威智者"变成"身边的辅导老师"。暗示教学、集体互动、情感碰撞，尽在翻转课堂。可见，MOOC 主管信息传递，翻转课堂主管吸收内化，二者各司其职，相辅相成。对于一些必须借助实体环境才能完成的实验教学、实践教学，在虚拟现实技术尚未发展到成本足够低廉阶段的时期，则必须以传统课堂为主要教学途径。

四、结语

综上所述，中国高校发展 MOOC 的可行出路是：使顶层设计与基层实施紧密结合，使 MOOC 的供给与需求和谐匹配，逐步形成一个完整教育过程的闭环。只有前端环节具备缜密的制度设计、充足的资金技术、充满动力从事 MOOC 的教师、充满兴趣参与 MOOC 的学生，后端环节具备完善的学分认证体系、乐观的职业前景，才能使中国高校中的 MOOC 彰显其社会价值，走上可持续发展的道路。

注释：

① 来自 MOOC 学院网站 http：//mooc. guokr. com，2016 年 7 月 13 日的数据。

② BOOM 课堂即以 Bilingual（双语）、Open（开放）、Online（网络在线）、Micro（微小）为特色的一种新型教学模式。

③ 依据是否可以规则化、程序化或编码化，可以将知识划分为可编码的知识及缄默的知识。前者可以在计算机中通过信息通信技术得以呈现，而后者无法通过信息通信技术得以实现。参清华大学副校长谢维和在 2014 年 5 月举行的第 17 届科博会 2014 中国网络教育论坛上的发言：ICT 究竟给教育带来了什么？

④ 引自中国高等教育学研究会顾问、原联合国教科文组织高等和远程教育专家王一兵教授于 2014 年 3 月 12 日在北京市属高校信息化教学模式变革专题研修班上的演讲：MOOCs 的灵魂、启示与对策。

⑤ 引自北京大学教育学院汪琼教授于 2014 年 3 月 12 日在北京市属高校信息化教学模式变革专题研修班上的演讲：北京大学 MOOCs 实践与思考。

⑥ 引自美国马萨诸塞大学波士顿校区校教育与人文发展学院严文蕃教授于 2014 年 3 月 14 日在北京市属高校信息化教学模式变革专题研修班上的演讲：MOOCs in America：Experience，Issues and Implications.

⑦ Online to Offline，一种从线上到线下的商务模式，于 2013 年进入高速发展阶段。它是指在产业链中将线下的商务机会与互联网相结合，使互联网成为线下交易的前台。也有学者认为，用 Online with Offline 来形容教育领域中的 MOOC 更为恰当。

⑧ Andrew P. Kelly. 分裂者、破坏者还是其他——MOOCs 政策制定者指南. American Enterprise Institute，May 2014. 转引自：搜狐网教育频道 http：// learning. sohu. com/20140623/n401198853. shtml，2014 年 6 月 23 日。

参考文献

[1] 李仁和. 促进融合，实现变革 [J]. 中国教育信息化，2013 (18)：16.

[2] 白宇飞，刘一姣. BOOM 课堂的发展现状与前景——以北京第二外国语学院为例 [J]. 北京教育，2014 (4)：67.

[3] 吴疆. 现代教育技术教程（二级）[M]. 北京：人民邮电出版社，2009：13-18.

[4] 冯海荣. MOOC、网上大学等会使大学消亡吗？ [J]. 北京教育，2013 (6)：6.

[5] 冯培. 从"幕课"看大学教育改革 [N]. 人民日报，2014－1－23 (18).

[6] 肖立志. "翻转课堂"视域下的远程开放教育式课程教学研究 [J]. 黑龙江高教研究，2014 (7)：158.

国际文化贸易专业人才
培养的现状和问题研究

孙俊新

摘要：伴随着经济全球化的步伐，对外文化贸易进一步发展。中国民族文化要大胆地"走出去"，展示其特有的魅力和风采，离不开懂外语的文化专业人才的培养，因此，首要条件是具备一个使尽可能多的人们竞相迸发创新智慧、使各方面创新人才大量涌现的制度环境、文化环境和教育环境。本文首先分析了国内国际文化贸易专业设置的现状，然后结合企业和社会对人才的需求，总结了国际文化贸易人才培养的困境，最后分析了高校应对上述困境的尝试，并指明未来努力的方向。

关键词：国际文化贸易　人才培养　北京第二外国语学院

一、国际文化贸易专业开设现状

（一）国际文化贸易的蓬勃发展

据介绍，世界文化产业市场总额在 2012 年已经达到 16 385 亿韩元，增长率高达 5.1％，远高于国际货币基金组织公布的世界经济增长率 2.3％。同时，根据联合国教科文组织的资料，过去 20 年间，全球文化贸易总额一直在持续增长。文化产业和贸易的发展催生了社会对文化人才的巨大需求，以便在广播电视等文化经济机构、涉外经济贸易部门、企事业单位和政府机构从事文化产业领域的国际商业活动，如采购、发行、营销、策划、教学、研究、公关、翻译。

从中国国际贸易的现状看，中国已经是国际贸易的大国，但在世界文化产业蓬勃发展的大背景下，中国在文化贸易上仍然长期处于逆差状态。文化贸易代表了我国未来国际贸易的发展方向，因为，一方面，文化产业是资源友好型的产业，发展文化贸易符合我国出口转型的需求，另一方面，文化产品和服务的对外贸易将对中国其他产业的产品和服务的出口带来很大的促进作用。针对韩国文化产品的调查显示，文化商品每输出 100 美元，就会有 412 美元的附加消费产生，韩国 51.9％的企业销售额都受到韩流在海外走红的影响。中国文化博大精深，还有许多文化产业、项目正在发掘中。这一系列的文化及产业的推广运作需要一大批懂经济、贸易、文化、传播、法律、管理等方面知识和运作的专门型人才。

然而，从事国际文化贸易具有不同于一般国际贸易的要求。国际贸易的形式分为两种：货物贸易和服务贸易。按照日内瓦 WTO 统计和信息系统（SISD）提供的文献，国际服务贸易分类表中，服务部门可以分为 11 个大类 142 个服务项目。其中，第 10 个大类为：娱乐、文化与体育服务，包括娱乐服务（含剧场、乐队与杂技表演等）；新闻机构；图书馆、档案馆、博物馆及其他文化服务、体育及其他娱乐服务。此外，文化贸易还包括商品服务 F 类别中的印刷、出版及通信服务 D 类别中的视听服务，如电影与录像带的生产与批发、电影放映、无线电视与电视、录音等。在 WTO 组织成员之间的谈判和协议中，文化产品和服务的贸易不仅仅被视为一种贸易活动，而且被认为同一国的民族认同、文化安全等因素密切相关，因此，被纳入了许多国家对外贸易的战略研究视野。尽管 WTO 并未将文化例外写入文件，但电影放映限额、视听服务的最惠国豁免清单、文化服务部门开放需做出单独承诺等条款仍然为文化例外留下一定空间。

（二）国内高校专业开设现状

国际文化贸易是一个崭新的，集传媒经济、国际贸易、文化研究、经济学、传播学等知识为一体的跨专业学科领域，瞄准国际文化贸易发展的前沿问题和最新动向。其培养目标是在学习国际经济、贸易基础理论知识和基本技能的基础上，使学生进一步掌握当代国际文化贸易的基本理论，熟悉通行的国际文化贸易规则、惯例、政策以及相关法规，了解世界各国，特别是我国文化产业的发展特点及运行机制，掌握文化投融资、文化市场营销等相关的基础知识和基本技能，培养具备国际视野、宽广知识面、扎实外语水平和交际能力的从事国际文化贸易实践的国际化、高层次、复合型、应用性的创新型专门人才，以满足中外资企业、相关事业单位、政府机关等对文化产业及文化贸易领域高素质人才不断增长的需求。

目前，国内多数院校开设的课程是针对内贸的文化产业管理专业，而针对外贸开设的文化贸易专业非常少。中国传媒大学于 2005 年首先开设国际贸易（文化贸易方向）专业，于 2006 年正式通过教育部批准，更名为国际文化贸易专业；北京第二外国语学院于 2007 年开设国际经济与贸易（文化贸易方向），于 2009 年正式通过教育部批准，更名为国际文化贸易专业。除以上两所高校开设国际文化贸易专业外，还有中国传媒大学南广学院也开设此专业。济南大学、云南财经大学的新闻学专业设有该专业方向。除公共基础课外，各高校开设的主要课程有：文化概论、艺术概论、经济学、国际电影与电视节目贸易、文化产业概论、传媒经济学、文化市场营销学、知识产权法、国际传播学、国际经济学、会计学、统计学、财政学、计量经济学、货币银行学、国际文化政策与法规、国际贸易理论、国际文化贸易实务、国际金融、国际市场营销、中国对外文化贸易、国际商务谈判等。

开设高校较少的现状同教育部普通高等学校本科专业目录的调整有着直接的关系。在 1998 年教育部普通高等学校本科专业目录中，国际文化贸易是隶属经济学一级学科下属的二级学科国际经济贸易的目录外专业，在少数高校试点。但在 2012 年教育部普通高等学校本科专业目录修订过程中，取消了国际文化贸易专业，并入贸易经济。贸易经济定位是隶属经济学大类，注重内贸与外贸相结合、营销与管理相结合，以内贸、营销为主，重视学生综合能力的培养。该专业主要培养适应社会主义现代化建设需要的德才兼备、高素质复合型的能在工商贸企业从事贸易、营销与管理等实际业务工作和商贸部门管理的高级专门人才。可以看出，改革之后国际文化贸易专业被取消，并入侧重内贸发展的贸易经济专业，其服务文化产业的国际贸易、国际投资和国家交流的功能被大大弱化。

(三) 北京第二外国语学院专业开设现状

作为外语类院校中唯一一所设立国际文化贸易专业的高校，北京第二外国语学院文化贸易系经历了不断成熟和发展的过程。2003 年，北京第二外国语学院首先在国际贸易专业中开设了国际文化贸易相关课程。2007—2008 年，文化贸易专业隶属国际经贸学院下属的国际贸易系，开设的是国际经济贸易专业的国际文化贸易方向。但是随着中国日益与国际接轨和中国综合实力的增强，具有国际文化贸易能力的高层次、高素质的复合型人才成为人才市场上的急需，相应的，建立一个能够成为相关领域培养这类人才的本科专业就成为当务之急。2009—2012 年，北京第二外国语学院成立国际文化贸易系，设立专门的国际文化贸易专业；2013 年至今，因教育部学科目录调整，设立的是贸易经济专业（国际文化贸易方向）。2014 年，国际文化贸易专业开始招收硕士研究生，成为该专业国内唯一开设硕士课程的高校。

国际文化贸易系现有经贸与会展学院在编教师 3 人，副教授 3 人，形成以研究生学历为主体的中青年教师结构。同时通过多年的建设，建成多层次、交叉融合的教学团队——学院内教学团队、跨院系教学团队以及校外专家团队，比如"国别文化研究"课程涉及阿语、日语、德语、俄语、朝鲜语等多个语种；"媒介文化"聘请国际传播学院教师。校外专家包括亚马逊中国数字内容经理王艾，北京新影联院线董事总经理黄群飞，中国对外文化集团公司新闻总监、中国服务贸易协会文化贸易专业委员会总干事王洪波，英国诺桑比亚大学 MBA 中心主任 Lucy Lu，北京演艺集团总经理郄春来，英国纽卡斯尔大学外事处长、人文社会科学学部学部长、创新艺术实践研究院院长 Eric Cross。学生规模方面，除 2007 级是 1 个班外，其余年份均招收 2 个标准班学生，每班大约 30 人。

二、国际文化贸易专业人才培养的困境

(一) 企业的思考

在 2014 文化贸易论坛的 "企业需求" 板块，北京歌华文化发展集团总经理李丹阳、天津神界漫画有限公司创始人陈维东等嘉宾，分别从文化贸易基地建设、动漫网游、图书出版、电影电视和演艺贸易等不同行业视角，畅谈企业对国际文化贸易人才的具体需求和培养方案。在这些活跃于一线的业界专家眼中，国际化人才，学科复合型、融合发展型人才，创意开拓型人才，新型文化企业管理类人才等都是企业迫切需要的。

概括而言，国际文化贸易人才的能力主要包括以下几个方面：第一，熟练的专业技能。作为一名从事贸易的专业人员，应具备良好的专业技能。首先是对宏观与微观经济的了解及判断能力。其次是具备贸易素质的最基本的技能。另外，就是必须培养贸易人员的文化素质。第二，较强的语言表达能力与实践操作能力。既要具备基本的团队协作与沟通、组织协调、运用商务沟通技巧进行谈判的能力，同时还应具有熟练操作外贸软件、从事文化产业的文化产品营销能力、文化渠道经营能力、文化创意策划能力及媒体关系能力等。第三，创新能力。教育部《关于全面提高高等教育质量的若干意见》中的第九条明确指出，要 "加强创新创业教育和就业指导服务。把创新创业教育贯穿人才培养全过程。制订高校创新创业教育教学基本要求，开发创新创业类课程，纳入学分管理。大力开展创新创业师资培养培训，聘请企业家、专业技术人才和能工巧匠等担任兼职教师。支持学生开展创新创业训练，完善国家、地方、高校三级项目资助体系。依托高新技术产业开发区、工业园区和大学科技园等，重点建设一批高校学生科技创业实习基地。普遍建立地方和高校创新创业教育指导中心和孵化基地。加强就业指导服务，加快就业指导服务机构建设，完善职业发展和就业指导课程体系。建立健全高校毕业生就业信息服务平台，加强困难群体毕业生就业援助与帮扶"。文化产业作为精神层面的产业，具有创意的产品和服务层出不穷，这就要求国际文化贸易应用型人才具有强烈的创新意识和敏感的市场发现意识，才能不断地发现新商机，获取贸易利益。

从事国际文化贸易的人才必须兼具经管类知识和创意才能，而创意才能的培养离不开实践的锤炼，特别是对于那些高端的经营管理人才，学校的教育是远远不够的，尚需在职的系统性、长期性、实战性的培训。目前对员工和部分实习生

的培训主要由工作单位根据需要进行内部培训，而且多以短期性、技能性培训为主，不能从根本上提高参与培训人员的创意能力。与其他类型的人才服务相比，文创人才应更加重视吸引他们工作兴趣的、能够促进他们发展成长的、不断具有挑战性的工作。为此，歌华文化发展集团力图创新人才培养模式，大力推进文创人才培训基地的建设，根据文创行业的特点，结合文创人才的特点，此基地的建设将依托歌华文化发展集团的优质资源，结合歌华人才专业的服务能力，国家人力资源开发研究协会的专业学术资源，两岸人才服务基地的资质，摈弃传统的分行业人才培育模式，改变在职培训时间短、培训单一的特点，设立三大服务版块，分别是文创人才交流服务、文创企业会员服务版块、首都青年志愿服务版块。通过三大服务版块的服务开展，分别汇聚了人才、企业和学校的资源，最终为人力资源的良性循环提供了保证。这一培训模式更侧重系统、实操、提高的培训原则，从而提高参与培训人员的实战能力，缩短人才专业技能与企业需求的差距。

（二）教育界的思考

随着经济全球化的浪潮，文化贸易已经成为国际贸易的重要组成部分。国际文化贸易专业培养具备扎实的专业基础知识，了解文化产业的发展特点和运行机制，能够从事对外文化贸易、经营、管理等方面工作的应用型高级专门人才。文化专业是交叉学科，交叉学科的性质决定了所开设的课程范围较广，但这一广度应该是全面和高水平，而非平庸和低水平的，只有这样才能培养全面综合的复合型人才。但是，中国传媒大学 2010、2011 届文化产业管理专业毕业生的问卷调查显示，近 80％的学生认为所学专业现存最大的问题是学的东西杂，不够精通，而对专业未来应该注重什么，57.1％的同学表示"希望学校未来能够提供专业技能的强化训练"。

整体而言，国际文化贸易的教育存在如下困境。第一，模糊的学科设置直接导致课程设置的混乱。由于文化产业属新兴产业，各大高校普遍缺乏具有专业背景和系统知识结构的教师配备，同时，文化产业又具有极强的学科交叉性，这一特性使得各高校往往结合本校特点，从其他专业抽调教师组成文化类专业的师资队伍，再自主决定开设的课程。于是，哪个学院设立文化专业，文化专业的课程就接近那个学院原来的课程设置，导致文化课程内容同原来学校的优势传统学科的教学内容存在极大的相似性，没有体现文化产业的需求。师资配备和课程设置的随意性可能也是国内高校纷纷设立文化类专业的重要原因。

第二，师资队伍亟待完善加强。目前专业教师虽有不同的专业背景优势，但是由于该专业是交叉学科、新生专业，因此，需要深入推动教师与专业共同成长，逐步凝练教学和研究方向，使不同专业背景的教师汇聚在同一专业下，理顺科研方向，加强教师团队建设，否则将严重阻碍国际文化贸易专业的前进。

第三，教育教学模式、方法需要继续变革创新。文化产业是一门实践操作性很强的学科，传统的教育模式未必对其同样适用。对多家不同所有制的文化类企业调查后发现，接触过文化产业专业毕业生的用人单位负责人普遍觉得这类毕业生实践经验少、动手能力差、缺少一技之长。为此，高校一方面应该出台相应措施来强化学生的实践观念，如设置一定比例的"实践学分"等。另一方面，应该主动积极地为学生搭建前沿性、市场化的学术实践平台，增加职场培训的实力，提高培训的专业性、灵活性、系统性。要想真正实现好国际文化贸易专业定位，做好人才培养工作，就必须坚持不懈地抓好教育教学模式和方法的变革创新，这不仅是专业自身发展的内在要求，而且也是当前世界，特别是我国教育面临的重大变革压力和改革方向。虽然目前国际文化贸易专业已在进行教育教学的积极探索，但是创新依然不足，力度也还不够，同时在制度上缺乏保障和激励，因此，需要学校各级部门的支持和配合，以推动相关变革创新的不断深化。

第四，教材、教学资源急需建设整合。如何依据专业定位、培养目标设置好科学、合理的课程体系，从而依据该体系开展好教材、教学资源的建设，这方面我们没有经验，也无现成的东西可供参考。不仅如此，教学资源还存在着加强整合的问题。如何保障校内外教育教学资源长期、稳定的为专业发展服务是一个必须解决的问题。

第五，专业影响力及科研队伍和方向需要进一步强化拓展。通过多年的前期建设，国际文化贸易专业已进入一个全新的发展阶段，但是，这与专业的发展目标尚有距离。因此，必须抓住机遇，珍惜时间，尽快扩大该专业的国内影响力，吸引更多的人才加入国际文化贸易的专业建设中来。而目前扩大专业影响力的一条重要途径就是科研队伍的建设、科研方向的把握和科研项目的申请落实，但是这些方面恰恰又是交叉学科的软肋。

第六，产学研一体化办学模式和国际化理念有待深化贯彻。国际文化贸易专业的发展必须要贯彻产学研一体化的办学模式，这是由专业发展的校内外环境和专业定位决定的。而对于新设专业，由于处于起步发展阶段，因此，还没有形成完整的产学研链条和整合平台，亟待完善加强。此外，国际文化贸易专业强调国际化特色，这不仅要求教师、学生都要拥有纵贯中外的文化视野，而且要有国际交流的理念、能力和平台。因此，如何推进专业建设的国际化方向同样成为一个必须关注的问题。

教学课程缺乏统一规划、市场考查和调研，导致高校所培养的人才同社会对教育和人才的需求严重脱节；师资力量和专业性质之间的矛盾，导致了文化产业及其相关专业的教学一度出现了老师不能深教、学生只能略懂的局面，所产生的结果就是，学生既没有学到精专的技术，也不具备宏观的创新性思维；教学方式缺乏创新，也造成学生动手能力欠佳，等等。这进一步导致所培养的学生在就业市场上竞争力弱，毕业后从事本专业比重低、收入低。各大高校在开设文化产业专业的招生简介中，普遍提到本专业具有"发展潜力大，市场需求多，就业范围广"等一系列竞争优势，然而，文化类专业普遍就业难是不争的事实。

三、提升专业建设的尝试

虽然我国国际文化贸易遇到了一个发展良机，但是这并不意味着所有的国际文化贸易的人才都能受到企业的追捧。事实上，国际文化贸易专业的毕业生就业情形并不乐观。这是因为我国文化产品和服务的对外贸易已经不再是改革开放初期的低水平运行状态，如今对人才的要求有了全面提高，不仅要掌握文化艺术、经济管理和法律的专业知识，而且要有一定年限的实务操作经验，同时必须掌握一门以上的外语，懂得国内外贸易法规和操作惯例。

（一）正在实践的尝试

作为目前国内高等院校国际文化贸易人才培养相关领域的先行者，北京第二外国语学院、中国传媒大学等高校从各自的实践出发，采取了不同的探索渠道，在强调实践的过程中也注重学生的专业化、个性化发展，使其可以在实践探索中选择最适合自己的发展道路。2010年，中国传媒大学文化发展研究院招收了首批实践型专业硕士，此举成为文化产业专业教育理论与实践相结合的探索性试点。2014年，北京第二外国语学院成功招收国际文化贸易方向的专业硕士，强调理论与实践并重，加强文化产业人才培养，才能实现可持续发展。实践中，北京第二外国语学院积极开展实践教学。北京演艺集团与二外互设人才培养基地；目前京演集团已经成为国际文化贸易专业学生实习实践的重要基地；与北京国际影视交流促进中心共同建立常态化学生实践联系机制；与一江春水向东流·国际电影集团建立联系，为学生实习实践提供机会；目前学生在蓬蒿剧场、新影联等单位实习，同时参加诸多大型会展的志愿服务工作。

（二）未来努力的方向

来自国外的教学经验可供参考。在文化贸易论坛的"国际经验"板块，伦敦大学金史密斯学院舞蹈和艺术孔子学院英方院长郭爱萍介绍了英国院校艺术和创新实践结合的情况，指出国际文化贸易人才培养所必备的知识和实践条件。纽卡斯尔大学的安德鲁·劳博士基于英国文化创意产业人才培养实际经验，提出了培养学生批判性思维等建设性意见。俄罗斯华人艺术家协会音乐协会秘书长王凯平介绍了俄罗斯艺术人才的培养情况，表示坚实的文化根基、科学的教育模式、艺术生活的大众化等是俄罗斯音乐艺术繁荣发展的原因。国家文化发展国际战略研究院常务副院长、国际服务贸易暨国际文化贸易研究中心执行主任李嘉珊详解美国芝加哥哥伦比亚学院在人才培养方面的创新成果，为培养高素质的国际文化贸易人才提供了新思路。以芝加哥艺术学院为例，该校是美国顶尖的艺术教育机构之一，建校于1866年。学校由博物馆和学校两部分组成，其博物馆以收藏大量印象派作品以及美国艺术品著称，如莫奈、修拉、梵高、爱德华·霍普等人的作品。学院校风自由，学生并不会被限定主修科目，而是会提供学生在视觉、艺术方面的完善教学。芝加哥艺术学院的学生课余时间可以前往市区各个博物馆、画廊等世界级的展览会场参观，以增长见闻、丰富知识。又如，芝加哥哥伦比亚学院电影系里的导师绝大部分都是曾经在行业中取得过显赫成绩的前辈，很多老师和校友曾在奥斯卡、戛纳、圣丹斯、艾美、托尼、格莱美等荣誉里提名和获奖，甚至很多仍在行业中积极活跃着。其中，许多人员都与芝加哥和洛杉矶的电影工业有着密切的关系，在帮助学生们毕业后寻找就业机会提供了不可多得的方便。

为解决目前本专业校园教育的缺陷，借鉴国外的教学经验，需要首先注重师资建设。师资是校园教育一切的前提，为全面提高教师师资队伍建设，具体可通过三个渠道完成。第一个渠道是聘请企业界人士走入校园担任兼职教师或兼职导师，在这个层面上，学生有机会与企业家直接对话，通过接受言传身教提高对现实的认识，缺点是企业家们工作繁忙，对教育的支持在时间和精力上具有不确定性。第二个渠道是在已有教师中选聘部分教师去企业挂职锻炼，通过亲身经历企业项目运作的方式提高实践能力，缺点是目前制度下对教学岗教师的选聘和考核以科研为主，对非教师岗的选聘和考核以专业技能或者行政能力为主，因此，短期内很难以这种方式获得足够数量的能够直接支持实践教育的教师。第三个渠道是在高校内直接设立专司实践教育的岗位，招聘符合学历要求的经验丰富的企业人才进入高校全职工作，并将其作为教育体系中的主要师资，充分利用其从业知识和实践经验帮助培育学生能力，这样做的缺点是人才引进时的不确定性和相关岗位未来考核标准的不确定性。

多所学校开始设立国际文化贸易专业，但在具体培养方案的设计中，要注重发展本校特色，避免重复建设。当各个学校的教育都有其自身特点时，各自的特色将在学生就业竞争中进一步提高学生的就业能力以及就业率。因此，结合地域经济和院校资源优势，设计有地方特色的教育课程和体系，是提升教育质量的重要途径之一。例如，在外语类院校中加强外语和文化的跨学科互动，在旅游资源多的地区考虑加强旅游和文化间的互动，在国际贸易为主体的地区加强文化中介服务等。从振兴地域经济的角度出发，实践国际文化贸易教育体系的探索，不仅容易得到高校所在地政府的支持，也较容易获得所在地企业的支持，并促进产学研结合的健康发展。

开拓新的人才培养模式，促进文化专业与国际文化交流和贸易的结合。为此，文化专业的人才培养目标必须与国际文化交流和贸易的目标相结合，重点培养有国际特色的既有专业又懂文化的人才；创新外语类高等院校文化专业人才培养管理机制，对已经毕业的学生的去向和职业发展展开跟踪性调查，用数据说话，为相关培养方案和教育教学改革提供参考和依据；文化专业的教学过程必须与文化实践相结合，推进学生的实践学习，教学过程的产出与国际文化交流的实际需求相联系；文化专业的师资建设突出国际性和实践性，一方面大力引进具有海外经验的教学科研人才，另一方面侧重引导政界、业界的社会人才来进行教学工作。

重视文化项目、科研成果对接文化行业的实际需要。通过科研项目，将高校的资源引入到文化领域，并通过科研成果指导文化领域的实践；科研项目将教师和学生带到文化领域，同时又将文化建设融入专业教学和科研中。具体而言，加强科研项目的申报、研究合作，凝练科研方向，培养科研骨干力量、打造一支结构合理、背景交叉的科研团队；按照既定的培养思路和方案，推进国际文化贸易硕士人才培养，开拓国际化人才培养合作，进一步扩大国际文化贸易交叉学科影响力；加强社会服务的合作力度，积极参与咨询、培训工作，进一步锻炼队伍，提升学科影响力和竞争力；探索项目驱动型本科人才培养模式，如对于本科生的科研训练，要主动管理和布局引导，真正发挥项目训练的作用，并鼓励教师主动吸收有潜力的本科学生参与教学、科研项目，对于表现突出的学生给予评优、学分认定以及其他方面的激励奖励，从而进一步培养本科学生主动学习研究问题的能力，为输送优质研究生奠定基础。

当然，无论是人才培养模式的探索，还是师资队伍的建设，都需要一个长期的过程，朝着正确的方向一点点地过渡，只要坚持不断的努力和尝试，相信国际文化贸易的专业人才培养将越办越好。

参考文献

[1] 郭建宁. 关于当前文化建设与和谐校园的若干思考 [J]. 高校理论战线，2012（1）：64-67.

［2］刘川生. 高校在建设文化强国中的时代使命与责任［J］. 中国高等教育，2011（21）：4-5＋19.

［3］孙俊新. 中美大学校园教育的比较研究［J］. 时代教育，2013（15）：16.

［4］杨凤城. 从"建设社会主义精神文明"到"建设社会主义文化强国"——改革开放以来中国共产党文化建设战略思想的与时俱进［J］. 高校理论战线，2012（03）：18-23.

［5］郑永廷. 论高校文化发展与文化自觉［J］. 思想理论教育，2012（1）：4-7.

大学生社交与情绪学习现状调查

——以北京第二外国语学院经贸与
会展学院 2011 级学生为例

马宜斐

摘要： 通过对样本的社交与情绪学习的现状做调查问卷发现，学生普遍不知道情绪是自我选择的结果，对人际关系的构建和维系存在错误认识，做决定时不理解负责任的含义，对幸福有着不切实的幻想。出现这种现象的原因主要有两个方面：家庭教育对情商部分失当和社会教育对情商部分缺失。

关键词： 社交与情绪　大学生　情商

1. 问题的提出

从 2002 年开始，我在北京第二外国语学院经贸与会展院教授管理学课程，因此，非常关注学生的情商发展。可是有一个现象越来越明显，我们院每个专业两个班，30 个学生组成的一个班，两个班一起上课，我经常询问某一个同学的近况时，其他同学会说不认识。其实学生的宿舍是按班级分的，即使不在一个班，他们的宿舍也是隔壁的关系，而且，几乎所有的课程都是同专业的学生一起上的。在这么密集的必须参与的集体生活中，大学四年下来，如果连本专业其他班的同学都不认识，这样的学生将来社交的能力令人担忧。由此我想了解这些学生的社交和情绪学习究竟处于怎样的状态，是什么原因导致的这样的状态。

2. 文献综述

美国健康与公众服务部 2010 年发布了《赢在起跑线计划的儿童发展与早期学习框架、社交与情绪发展》一文，其中提到，积极的社交与情绪发展为终身发展和学习奠定了无比重要的基石。儿童 0 至 5 岁的社交和情绪健康决定了儿童中期和青春期后的社交、行为和学业适应性。人们适应新环境、与同龄人及成人构建支持型关系以及参与学习活动的能力都离不开儿童早期的社交与情绪学习。最初五年奠定的社交能力关系到孩子日后的情绪健康，并影响孩子一生的适应能力和建立关系的能力（儿童发展全国科学理事会，2004）。有能力建立和维系健康有益的关系，对人生的成长和成功具有深远影响（Weissberg & Cascarino，2013）。一批学术论文以事实为依据，明确表明社交与情绪学习和未来的学业学习及成功人生之间关系密切（Domitrovich, Dusenbury & Hyson, 2013；US DHHS，2010）。

理论上，高层次的思考需要社交和情绪与学业技能的同步发展。早期有意识地塑造、教授和加强儿童的情绪和社交技能，能够促使他们将思考、感受和行为结合在一起（CSEFEL，2008）。由此，在美国 17 个州从幼儿园开始设置课程，引导孩子的社交互动和行为。

对我国而言，我们的孩子从幼儿园到大学，都没有系统的接受过这类课程，孩子的社交与情绪学习会是怎样呢？由此我做了调查问卷，并对问卷给出了分析。

3. 调查问卷及分析

3.1 调查问卷的内容

社交与情绪学习包括五个方面的内容：自我意识——情绪表达、自体感受、自我效能；自我管理——冲动克制、自我管理；社会意识——同理心、尊重他人和尊重多样化；人际技能——交际、建立关系、冲突管理、寻求帮助；负责地做出决定。根据这些内容，我简单设计了四道问答题，调查问卷以不记名的方式展开。

第一道题——当你面临一个选择时，你首先考虑的是自己的情绪还是别人的情绪？为什么？这道题主要是考查学生的自我意识，他们是否知道情绪应该是自己可以掌控的，换句话说，是选择的结果，跟别人没有关系。

第二道题——当你拒绝别人时，你是否会自责或难过？为什么？主要是考查学生是否会负责地做决定和自我管理的能力。拒绝是一件很正常的事情，任何一段关系都需要有拒绝的地方。

第三道题——你和你相爱的人如果存在意见分歧，你通常会怎么办？主要是考查学生的社会意识和人际技能，应该说，在一段关系里，能够包容分歧，才能构建良性的关系。没有分歧的关系是不会存在的。

第四道题——你认为什么是幸福？主要考查学生五个方面综合的水平。如果一个人有错误的幸福观，那他可能一辈子都会远离幸福。

3.2 调查对象分析

本次调查是在全年级的范围内展开的，参与调查的学生共计 183 名。其中女生 152 名，男生 31 名。北京生源占到 70%，共有 128 人，其他 55 人来自其他省份，几乎涉及每一个省。参与调查的学生中独生子女占到了 93%，所有学生均为 90 后。

3.3 调查问卷总结及分析

第一道题：当你面临一个选择时，你首先考虑的是自己的情绪还是别人的情绪？为什么？

同样的调查问卷，我已经进行了好几届了。以前的学生回答"别人的情绪"超过一半，2011 届的学生回答"自己的情绪"超过了一半。回答"自己的情绪"给出的理由是：如果我都不照顾自己的情绪，别人更不会了；我首先会考虑自己的情绪，别人的情绪也会适当考虑，等等。"回答别人的情绪"给出的理由是：我很担心别人会不接纳我，我一般做事情都会首先站在别人的角度考虑，等等。

针对这道题目，可以发现学生对情绪的概念有误解并与换位思考混淆。情绪是自我选择的结果，面对同样的事情你可以选择悲伤也可以选择高兴，但是你无法替别人做出选择。换位思考指的是，当我们面临一个选择的时候，需要站在对方的角度考虑问题。只有对方也在一个交易中获利，才会有下一个交易，即所谓的双赢。即使你站在对方的角度考虑问题，做出了一个既有利于你、又有利于他（她）的选择，对方仍然可能选择高兴或者难过，但这跟你没有关系了，你同样面临着自己的情绪选择问题，即使在一个交易中获利，也会有人高兴，有人悲伤。所以，学生需要知道情绪是选择的结果，自己一定要为自己的情绪负责，而不需为别人的情绪担忧。

第二道题：当你拒绝别人的时候，你是否会自责或者难过？为什么？

70% 的学生回答：会的，多少有点吧。10% 的学生回答不会。20% 的学生回答：我尽量不拒绝，如果真的要拒绝，我会想办法跟对方解释为什么。之所以会有这么高比例的学生回答会的，是因为我们从小接受的教育都在强调服从。所以，学生认为当自己说不的时候，是在毁掉一段关系，所以，会自责，会难过。

在任何一段关系中，拒绝都是很正常的现象。学会拒绝是一个人为人处事的基础。只有学会拒绝，才能让别人感知到你做人做事的原则。一个边界清晰的人更容易有朋友，因为对方在交往的过程中清晰地看到你的边界，经过磨合也许就成为知己。如果不拒绝，首先你没有为自己负责，你在做别人想让你做而自己不想做的事情。其次，做事的过程中，你一定心里不舒服，觉得委屈，对方也不知道，可能还以为你很乐意呢，如果下次再提出这个要求，你还要再次作难。

第三道题：当你和相爱的人发生分歧，你会怎么办？

100％的学生回答是沟通。有的学生回答的更细致：我会跟他或她讲道理，分析为什么我这么想这么做，让他能够理解我。在学生的心目中，首先觉得分歧很可怕，分歧会破坏关系，所以，一定要想办法克服分歧。其次，大家非常普遍的认为沟通万能，认为只要我讲事实讲道理，我们最终一定会达成一致的。可见，学生的感情经历简单，对情感存在错误认识。

对任何一段关系，分歧的存在都是自然正常的事情。正是分歧的存在，才带来多样化的世界，每个人都因为不一样而与众不同。在建立关系的时候，你要明白分歧在哪里，是否可容忍。选择带有可以容忍的分歧的人建立关系，并且时刻提醒自己分歧的存在。沟通不是万能的，大多数事情也不能以对错划分，每个人都是自己环境的产物，都有自己的标准。试图改变别人的标准正是自己错误的开始。

第四道题：幸福是什么？

95％的学生都回答：有一个相爱的人，有一份自己喜欢的工作，身体健康。5％的学生回答做自己想做的事情。绝大多数的学生对幸福赋予了太高的标准，要找到那个相爱的人，还要有自己喜欢的工作，并且身体健康。其实每一个条件都是奢侈品，可能都不完全是自己努力可以实现的。那么这种情况下，只要有一个条件没有达到，学生的心里就会有遗憾不满足，感觉自己像个空洞，必须要把它填上。问题是对一个不是自己努力可以完成的目标，不能实现的概率会很大，那么，代价就是一生的不满足、不快乐。

幸福其实是内心深处的平静。每个人都无须向外寻找，每个人都是自足圆满的。坦然的接受命运的安排，并尽自己的努力过自己想要的生活。如果把幸福的标准定义在单凭自己的能力无法企及的高度，那怎么会有自我负责的人生和情绪呢？而内心深处的平静是自己可以做到的，是完全有能力自己掌控的，不需要凭借任何外力。

4. 存在问题的原因

通过这张简单的调查问卷，可以发现，我们的学生在社交与情绪学习方面是非常不成熟的，发育水平跟年龄是不相匹配的。主要是由以下原因造成的。

4.1 社交和情绪学习方面家庭教育不当

家庭教育对孩子的情商发育至关重要，这是由情商学习的独特性决定的。情商教育不同于知识教育。知识教育更常用的方法是讲授，告知学生原理是什么。而情商教育靠的是示范和模仿，如果家长在情商方面本身就是有严重问题的，孩子往往会有同样的问题。

4.1.1 父母拿情绪要挟孩子

中国家长常跟孩子说一句话：听话，不然妈妈生气了。这样教育下长大的孩子，怎么会懂得情绪是一个人自由选择的结果。妈妈生不生气是妈妈自己的事情，怎么能埋怨孩子呢？如果妈妈都不会处理情绪，孩子长大往往是以相同的方式处理情绪。以自己的情绪要挟别人，是完全没有道理的。

4.1.2 父母剥夺孩子的权利导致孩子不敢拒绝

非常常见的现象是，父母带幼小的孩子出去玩，如果别人家的孩子看到了他的玩具，家长会赶紧跟自己的孩子说：玩具让别人家的弟弟妹妹玩玩吧。如果自己家的孩子看到别人家的玩具，想要玩。父母会赶紧说：别动，那是别人的玩具。这样环境长大的孩子会明显的感觉：自己的玩具可以或者说应该拿出来给别人家的孩子玩，不然就是自私；而别人家的玩具我不该要，不然就是不礼貌。所以，即使孩子长大成人，他们依然害怕拒绝，觉得自己会因为拒绝遭受良心的谴责，不拒绝又会自己难受。在这种两难的境地中生存。其实，玩具是谁的，谁就有百分百的决定权，可以让别人玩，也可以不让别人玩，这是物权——是法律赋予每个人的权利。

4.1.3 父母对孩子的要求是完美而不是完整

望子成龙或者望女成凤是很多家长的心愿，无形中转化为孩子成长的压力。父母对孩子的人生要求往往会转化为孩子的人生目标。所以，就出现了绝大多数的孩子对幸福的定义过高，从而导致自己对人生的失望。完美的人生只是一个梦想，拿这个梦想压迫孩子的人生多样性，只会导致更多的消极悲观。

4.2 社会教育忽视社交与情商学习

我们的教育体系从幼儿园到大学，都没有属于情商教育的内容。幼儿园是孩子社会化活动的开始，这个时候导入社交及情绪学习是效果最好的时候。但是，我们把知识的传授作为教育的重点，孩子们比的是谁认得字多，谁会算的题多。在这种从小开始的白热化竞争中，导致孩子不会处理矛盾，把同学当竞争对手很难建立深厚的友谊。

4.2.1 监管层面没有提出学校对孩子情商发育的要求

学校之间的竞争很激烈，学校会非常在意监管层面对学校的评价。目前，教育管理者没有提出官方的标准要求学校关注孩子心理层面的发育，很自然，学校不会在这个方面下力气。

4.2.2 社会也没有关注学校对孩子情商发育的作用

社会层面谈论学校更多的关注点还是在升学率方面，自然，学校面对竞争，会努力提升自己的升学率，甚至把提升升学率作为学校存在的价值。学校的压力会转嫁给老师，老师就会拿分数管理学生。为了提高分数，老师会把原本已经很激烈的竞争变得更加白热化，在这个过程中，老师更关注的是短期的成绩，而不是长期的学生心理发育。好成绩的代价往往是学生自信心的丧失，自我封闭的成长过程，以及与人为敌的狭隘心胸。

参考文献

[1] Weissberg, R. P. , Cascarino, J. (2013). Academic Learning ＋ Social-emotional Learning＝ national priority. Phi Delta Kappan, 95 (2), 8-13.

[2] Domitrovich, C. , Dusenbury, L. , Hyson, M. (2013). Beyond Academic Competence：The Foundation of School Success. Retrieved from http：//www. nga. org/files/live/sites/NGA/files/pdf/2013/1303Edu Policy Forum Non Cogniti.

[3] U. S. Department of Health and Human Services, Administration for Children and Families, Office of HeadStart. (2010). Head Start Child Development and Early Learning Frame Work. Arlington, VA：Head Start Resource Center.

[4] Center on the Social and Emotional Foundations for Early Learning (CSEFEL). (2008). Inventory of Practices for Promoting Social and Emotional Competence. Retrieve from http：//csefel. vanderbilt. edu/modules/handout4. pdf.

[5] http：//www. docin. com/p—1316903084. html.

全员育人——高校人才培养模式创新的有益探索

——以北京第二外国语学院经贸与会展学院为例

刘睿基

摘要： 培养高水平现代化人才是大学教育的重要目标。我国经济社会的发展和高等教育改革的不断推进，对高校人才培养提出了更高的要求。在以学生成长成才为核心这一目标不变的前提下，必须结合 90 后大学生这个群体特有的思考、行为特征，充分利用学校多渠道的资源和新媒体发展的最新成果，形成德育与专业教育相交融，线上教育与线下教育相辅助的全方位育人体系。

关键词： 人才培养 全员育人

雅斯贝尔斯曾经说过，"所谓教育，不过是人对人的主体间心智交流活动（尤其是老一代对年轻一代），包括知识内容的传授、生命内涵的领悟、意志行为的规范，并通过文化传递功能，将文化遗产交给年轻一代，使他们自由的生成，并启迪其自由天性。"我国于 2010 年颁布的《国家中长期教育改革和发展规划纲要（2010—2020 年）》特别强调，要通过"遵循教育规律和人才成长规律，深化教育教学改革，创新教育教学方法，探索多种培养方式，形成各类人才辈出、拔尖创新人才不断涌现的局面"，以及"注重学思结合，倡导启发式、探究式、讨论式、参与式教学，帮助学生学会学习，激发学生的好奇心，培养学生的兴趣爱好，为学生营造独立思考、自由探索的良好环境"等。总之，教育是为了"培养全面发展的人，有广泛同情心和判断能力的人，而非瘸腿的专家"。

培养人才是高等教育的首要任务，是高等学校的根本任务和中心工作，也是高校存在和发展的根本理由。教育人、培养人、发展人是高校不可推卸的使命与责任，是一切工作的出发点和落脚点。人才培养本身具有丰富的内涵和外延，包含了学生德智体美全面发展的内容，绝非单一力量能够完成，因而是一项系统工程，至少应包括创新人才的培养模式和人才成长环境两大部分。创新人才培养模式是创新人才培养的核心，是在一定的教学组织管理下实施的，包括培养目标、专业结构、课程体系、教学制度、教学模式和日常教学管理；创新人才成长的环境是创新人才的保证，包括师资队伍、教学硬件和校园文化氛围。高素质的人才培养应该是从教师到学生、从观念到制度、从软件环境到硬件环境进行全方位、多角度的综合建设。

因此，全员育人就是高校开展育人工作主题中应有之义，是高校的核心价值所在，所以，只有当作为高校教育主体，包括专业教师、思想政治理论课教师、辅导员，还有作为教育客体的学生都围绕这一核心价值，自上而下与自下而上相结合，整合全要素的力量，才能最终实现高校"全员育人"这一价值诉求。

受市场经济浪潮冲击，社会多元主义思潮影响，高等教育开展过程中面临不同程度的困境，高校的"全员育人"无法完全贯彻，甚至出现偏差、异化。主要有以下三点：（1）知识教育与道德教育相分离，部分高校大学生缺乏基本的道德素养。在现有教师考核评价体系中，德育工作被看作是政治理论课教师和辅导员的事情，与专业教师无关，很多专业教师重视"教书"而忽视"育人"。（2）理论学习与躬身实践"两张皮"，部分大学生知行不一。道德教育由于缺乏有效的测量指标，无法像知识教育一样进行量化考核。德育课教师注重理论灌输，而忽视人格养成，重"以理服人"而轻"以德化人"。（3）传统育人手段与现代技术的脱轨。随着新媒体技术的不断发展，学生信息接收渠道不断拓宽，传统讲授式的课堂教学和线下活动已经不能满足学生的需求。

针对上文中提到的"全员育人"人才培养模式面临的困境，作者从实际工做出发提出几条相对应的解决策略。

第一，明确人才培养理念、目标，解决"培养什么样的人和怎样培养人"的问题。通过研讨会、职工大会，形成关于人才培养的本质特征、目标价值、活动原则等的理性认识。加强师德建设，强化教师在"全员育人"中的主导作用，突出"教书育人"作为教师职业的天职感，增强使命感和责任感。引导教师全方位关心、爱护学生，主动将思想教育融入专业教育的各个环节，在传授知识的过程中，加强大学生的思想政治教育。同时，完善制度，明确导向。学院制定了成长顾问选聘制度、学生班主任竞选办法等一系列规章制度，为"全员育人"人才培养模式的贯彻落实提供制度保障。

具体操作来讲，就是变条块分割式教育为互补式教育，将专业教育与道德教育有机统一于高水平人才培养这一最终目标。例如，规定专业教师按照入职先后担任新生成长顾问，并且所有教师必须轮流担任，将此作为成绩考核的一项重要指标。充分发掘专业教师的教育优势，借以教师专业成长经历及丰富的教学经验，引导学生更快地了解专业学习要求，明确专业发展目标，适应大学生活。通过主题班会、班级座谈会、户外运动、专业基地实践参观等形式，与班级同学进行近距离的交流，使老师们能更深入、更准确地了解同学们，对不同情况采取相应的帮扶引导，有效地解决学生生活与学习中所遇到的问题。

此外，选拔、培养一批优秀学生班主任，充分发挥学生朋辈影响力，实现学院德育工作多层次、阶梯化的开展。从迎新工作、军训工作、新生运动会、趣味运动会、主题班会等院系和班级活动，都有朋辈导师指导、帮扶的身影。学生班导师自身的学生身份，使得他们更容易跟新生打成一片，更了解学生的思想、学习状况，在班级建设、学生日常管理中起到了显著作用，大大增强了班级的凝聚力，对新生的成长起到了正确的方向指引和模范作用。

第二，重视道德教育的实践性，发挥隐性课程在人才培养中的重要作用，培养知行合一的当代大学生。隐性课程是指"在学校中除正规课程之外所学习的一切东西，是学校经验中隐蔽的、无意识的或未被完全认可的那部分经验"。充分发挥隐性课程在育人上的功能与地位，在政策与制度层面规划隐性课程建设方案，并且结合校情，发掘校园环境中的各种隐性课程资源，包括营造生动活泼的学习环境、自由民主的学术环境、舒适优美的生活环境与充满爱心的育人环境等。同时以学生为中心，以学生高满意度为目标，突出大学制度中的人文关怀，将外在的制度内化为自觉的遵守，从而充分发挥管理制度中隐性课程的情感陶冶功能，真正达到"润物细无声"的效果。

在人才培养过程中，坚持"走出去"与"引进来"相结合，引导学生在实践中树立良好德行。具体来讲，首先是"走出去"，一方面社会实践过程中，学院从政策层面进行顶层设计，鼓励、引导学生将专业知识与传统文化、核心价值观相结合，在实践中培养学生礼敬传统、胸怀天下的优良品质。另一方面，德育课堂走出教室，进入文化单位和相关企业进行现场教学，培养学生的人文情怀和专业素养。其次是"引进来"，一方面邀请业界人士进入课堂，现身说法，提高课堂的活跃度和学生对专业知识的直观感受；另一方面，传统文化进校园，提升学生对传统优秀文化的认同。

第三，以微为主，打造特色。所谓"微"有三层含义：（1）强调传播手段的微小化，在教育、传承过程中以小见大，入脑入心。（2）强调传播内容的实践性，将道德教育融入学生日常生活之中。（3）强调传播主体的原子化，每一个学生都是自身的代言人，都是良好道德的践行者。

针对新媒体时代下信息传播分众化、信息接收互动化、叙事方式细微化等特点，结合新媒体技术，以"传统＋现代"、"线上＋线下"、"理论＋实践"的方式，在学生日常管理和教育过程中，开展一系列学生喜闻乐见的微活动，实现受众群体全覆盖、开展形式多样化。例如，开展"双语微党课"比赛，鼓励同学们将"大理论"与身边的"小事件"相结合，鼓励学生从身边的小事中发掘个体践行社会主义核心价值观的宏大意义。此外，成立专门组织负责运营学院官方微信平台，开辟"最美经会"、"对话青春——经会学子成长工作坊"等栏目，定期推送学院师生采访，展示师生风采，发掘身边的榜样。总之，充分利用新媒体"短、平、快"的特点，开展适应当代大学生信息接收特点的活动，于细微之处窥见广大。

高等教育不仅是为学生的职业生涯做准备，更要对学生的终身发展和幸福人生负责。首先，要突出全人教育的重要性，使学生具有丰厚的学识、聪明的才智、通达的性情、宽广的胸怀和良好的教养。其次，教育工作者必须树立全员育人的人才培养理念，尊重学生主体性、多样性、参与性，增强教育过程的互动性。最后，全员育人必须实现全员参与，通过整合高校现有资源，通过制度创新、实践创新，构建新时期高校全员育人的德育新机制。

参考文献

［1］雅斯贝尔斯. 什么是教育［M］. 北京：三联书店，1991.

［2］《国家中长期教育改革和发展规划纲要（2010—2020 年)》http：//edu. ifeng. com/news/detail＿2010＿07/30/1859314＿0. shtml

［3］朱宏. 高校创新人才培养模式的探索与实践［J］. 高校教育管理，2008 （3）.

［4］江山野. 简明国际教育百科全书［M］. 北京：教育科学出版社，1991.

［5］董泽芳，王晓辉. 国外一流大学人才培养模式的共同特点及启示［J］. 国家教育行政学院学报，2014 （1）.

［6］张明菊，范天森. 新形势下高校"全员育人"的理念与实践探析［J］. 学校党建与思想教育，2009 （11）.

会展专业的教学模式研究

王起静

摘要：目前，还没有关于教学模式的权威的概念。由于教学模式的概念很广，远不是一篇文章所能完全涵盖的，所以，本文主要研究除会展专业的课程设置、专业实习之外的教学模式所涉及的一些问题，如专业定位（培养目标）、师资培养、教学内容、教学方法、教材建设等问题。

一、专业定位

（一）会展专业人才结构

专业是指人类社会科学技术进步、生活生产实践中，用来描述职业生涯某一阶段、某一人群，用来谋生、长时期从事的具体业务作业规范。专业的设置是为社会发展提供所需人才。那么，我国会展业到底需要什么样的人才？我国会展业的发展急需什么样的人才？从会展产业的特性来看，会展人才可以分为三个层次：第一层次是会展策划人才。一个好的选题、策划或创意是会展成功的关键，策划人员必须了解世界经济或某一国家和地区的宏观经济形势、产业发展趋势、会展活动举办地的消费习惯等社会经济问题，才能够策划出有需求的会展活动。第二层次是会展管理人才。会展管理人才既是专才，又是通才，不仅需要了解会展产业的运作规律，还需要了解与所策划的会展活动相关的知识。第三层次是与会展相关的服务人员。主要包括旅游、饭店、展台设计、展品运输、礼仪等人才。

从我国会展业目前的发展现状来看，最急需的人才是会展策划人才和管理人才，会展人才培养应该把主要精力放在这两个方面。会展相关服务人员也很重要，但这些人才可以通过对相关产业的整合来获得。人才培养模式也可采取由相关专业嫁接的方式，现阶段我国大部分会展人才的培养都采用了这种模式，很多院校都是在旅游管理、广告设计、企业管理、物流管理、国际贸易和商务英语等专业下设立了与会展相关的专业方向。这里我们主要讨论会展管理作为一个独立的专业应该如何规划其教学模式，即针对会展策划和会展管理人才的教学模式。会展人才和会展产业的发展可以说是相互促进的关系，只有通过会展专业教育，才能源源不断地向会展产业输送更多地会展人才，从而促进会展产业的发展。

（二）会展专业人才培养目标和专业定位

会展院校应结合产业对会展人才的需求和自身的特点来确定会展专业人才培养目标。本报告遴选北京、天津、上海、广州、杭州五个城市的五所会展院校，通过各院校所设定的会展专业人才的培养目标，来判定其人才培养的专业定位。

表 1　各院校会展专业人才培养目标

学　校	培　养　目　标	专业定位
北京第二外国语学院	培养具备德、智、体全面发展，基础扎实、知识面宽、业务能力强、综合素质高，富有创新意识，具备服务业管理、经济、法律等方面的知识和技能，能在会展企业、行业协会、事业单位及政府管理部门从事展览、奖励旅游、会议管理、大型活动组织实务以及教学、科研方面工作的国际化、高层次、复合型、应用型的专门人才。	会展策划与管理
中山大学	坚持四项基本原则，具有良好的道德品质和学术修养，有较强业务水平，德、智、体全面发展的优秀毕业生；毕业生适宜在各类企业机构的市场推广、营销传播、活动策划等重要部门以及展览公司、会议公司、会展场馆、会议中心、会展服务公司、演出演艺公司、节庆礼仪公司、赛事策划与组织公司、会展物流公司、广告公司、旅游景区、旅行社、宾馆饭店以及政府部门、行业协会工作，主要从事会展相关的策划设计、营销公关、谈判、运营管理、预算评估等工作；也可以继续攻读旅游管理类、工商管理、经济学、传播学及其他相关学科的研究生学位。	会展策划与管理
南开大学	本专业面向会展业需要，培养从事会展企业经营和会展项目管理的应用型、复合型、创新型中高级管理人才，毕业生将主要就职于会展中心、会议策划公司、展览策划公司等，也可以到酒店、旅行社、行业协会、各类参展企业等，从事与会展密切相关的工作。	会展策划与管理，以及相关行业服务

学　校	培　养　目　标	专业定位
上海对外经贸大学	为国际博览会、展览会和国际会议培养掌握现代企业管理、市场营销及会展专业理论知识和操作技能的策划与营销的复合型人才。培养具有国际竞争力、具有开阔视野和营销能力的展览业经营管理人员。以重国际交流能力、重社会实践、重案例教学为特色，强调宽口径、厚基础的培养方针。	会展策划与管理
浙江大学城市学院	注重以会展行业发展趋势为先导，致力于培养具有管理、人文、社科和自然科学知识基础，拥有会展组织与策划专业功底、较强的文案写作能力和较为扎实的外语基础，能直接从事展览、会议、大型活动的策划、文案、运营管理的国际化、创新型、复合型的高级应用型人才，专业侧重大中型企业的参展策划与市场营销管理能力培养，并设置了大众传媒和信息传播类课程，推动"线下＋线上"（Offline＋Online，即O2O）整合营销传播人才培养。	会展策划与管理

注：表中培养目标都是从相关学校网站获取的。

从表1可以看出，大部分会展院校会展专业都以培养"会展策划与管理"人才为其主要培养目标和专业定位，只有南开大学除以会展策划与管理人才为培养目标之外，也以会展相关服务人员为培养目标，这也反映出会展院校充分考虑了会展产业所需人才的结构，但是，最紧缺的是会展策划与管理人才。

二、师资培养

（一）会展师资现状

要培养出高素质的会展管理人才，首先要有雄厚的师资力量。会展是一门实践性很强的学科，同时又需要坚实的理论做指导，因此，会展教学从一开始就应该使理论和实践紧密地结合起来。在我国，会展业无论是学历学位教育，还是职业培训的教师，都应该具备两方面的知识：一是会展学科的基本理论，包括会展经济基本理论、会展管理原理、会展活动的基本流程等知识；二是会展实务，包括会展项目管理、展馆运营管理、风险管理等。目前，我国会展教育刚刚起步，2002年，才开始有一些院校正式招收会展专业或会展方向的学生，而教师大多是从经济学、管理学或是旅游学科专业转向会展教育和研究的。这些在专业方向上转型的教师，一方面还没有形成系统的会展理论，另一方面又缺乏会展实践经验，可以说是处于一种边学边教的状态。因此，要发展中国的会展教育，首先要解决师资匮乏的问题。

（二）师资培养措施

解决教师问题应该从以下几个方面入手：一是现有会展专业的专职教师应该继续提高自身的理论水平。目前，发达国家也没有成形的会展理论，我国会展专业的教师和科研人员应该争取在会展理论上有所突破和创新；二是聘请会展业内具有丰富的会展管理和运营经验的专家作为开设会展专业院校的客座教授；三是加强会展企业、开设会展专业的院校、会展科研机构的相互联系，实现产学研一体化，从而使会展专业教师能够更加熟悉会展实务操作。另外，还应该加强与国外会展教育的交流与合作，可以选派一些优秀的年轻教师到会展业发达的国家去学习，也可以聘请国外会展业知名专家、学者到我国来讲学，从而提高我国会展教育的水平并缓解缺乏会展教师的压力。

三、教学内容

（一）会展管理专业教学内容的特性分析

1. 综合性

会展管理是一门新兴的学科，虽然有很强的专业特色，但在教学内容上却表现出了极大的综合性。这种综合性主要是由于，一方面会展产业的发展与一个国家和地区的经济发展水平密切相关，因此，会展管理专业课中不可避免地要涉及宏观经济、产业发展、市场结构、收入水平等一些经济问题；另一方面，会展活动的完成需要多个产业协调配合，所以，会展管理的教学内容中又会涉及相关产业的知识。

2. 动态性

会展产业发展极其迅速，会展管理理论处于不断的发展和完善阶段，这决定了会展管理专业的教学内容不能像经济学或管理学那样相对成熟和固定，而必须随着会展产业的发展而不断地充实和完善，因而具有很强的动态性。这种动态性主要体现在三个方面：第一，会展经济的基本规律在不断地发生变化。一个典型的例子就是会议和展览之间关系的发展规律。在会展产业发展之初，会议和展览是两个相对独立的产业，之所以把它们合并在一起称为会展产业，主要是因为二者都具有强大的经济带动效应，在发展过程中逐渐出现了"展中有会，会中有展，展会结合"的发展趋势，而近期又出现了"展会分离"的发展趋势；第二，会展管理方法和理念在不断地提升。如项目管理方法在会展管理中的普遍应用，会展物流管理得到普遍重视，参展商服务由最初的为其提供交流合作的平台发展到现在的为每一位参展量身定做参展计划等；第三，会展技术在不断进步。在会议设备、会展材料、展台设计和搭建等方面的技术不断进步。会展产业的这些发展变化都使得会展管理专业的教学内容具有很强的动态性。

3. 实践性

会展管理专业是一门实践性非常强的学科，在教学内容上要设定必要的实践环节，而且要使理论和实践紧密结合。实践环节可以提高学生三个方面的能力：一是提高学生统筹安排的能力。会议展览工作的技术性不是很强，但却非常细致繁杂，一个细微环节的疏忽很可能影响整个项目的效果，这就需要管理者能够在项目之初做好详细的规划，尽量能考虑到各个环节；二是提高学生解决突发事件的能力。突发事件是不可预测的，虽然在理论上可以把突发事件分为若干类别，并提出解决问题的大概思路和方法，但不同的会展项目所遇到的具体的突发事件是多种多样的，需要学生在实践中不断地摸索并总结经验；三是可以使管理理论和实践紧密地结合起来，尤其可以把项目管理的整套理论付诸实施，提高管理的技术和艺术。比如可以用项目管理的方法解决会展管理中的计划问题、控制问题以及信息不畅问题等。实践环节之所以重要，不仅仅是因为它是检验理论并推动理论发展的有力工具，更重要的是，通过实践能使学生对会展管理有更直观、更理性的认识和理解。

（二）会展管理专业的具体教学内容

根据上述关于会展管理培养人才的层次以及会展教学内容特点的分析，会展教学内容应该包括以下三个层次，根据教学内容可以设立相应的专业课程（表2）。

表 2　会展管理专业的教学内容

层　次		教学内容	相应课程
基础知识课		基本技能、基本知识	英语、数学、大学语文、思想修养、毛泽东思想概论、邓小平理论
专业基础课		基本经济理论、管理学理论、营销理论、财务理论	经济学、管理学、营销学、会计学、财务管理等
专业课	必修课	会展经济的基本概况和基本理论、管理理论和方法、营销理论和方法	会展概论、会展经济学、会展策划、会展项目管理、会议运营管理、会展营销等
	选修课或专题讲座	与会展产业密切相关的产业知识	会展旅游、展览设计、会展物流、展览运输等

1. 基础知识课程

在基础知识课层次中，会展管理专业的教学内容与其他社会科学类专业没有什么区别。这一层次的课程可使学生掌握必要的工具，并培养学生树立正确的人生观和价值观。因此，对该层次的教学内容和课程设置可参照其他专业，在此不做详细解释。

2. 专业基础课程

在专业基础课层面的教学内容是会展管理专业教学内容的重点，它主要让学生了解基本的经济理论、管理理论、营销理论、财务理论。前面提到过会展管理专业的综合性，这一层次是会展管理专业教学内容综合性的体现，是学好会展管理的重要基础。

3. 专业课

在专业课层面上，又可分为两个层次，第一层次是必修课层次。这一层次可以说是会展管理专业教学内容的重点。主要教学内容为会展经济的基本概况和基本理论、会展管理的理论和方法、会展营销理论和方法。从设置的主要课程来看，会展概论和会展经济学主要让学生了解会展经济的基本概况和基本理论。从会展管理流程来看，首先要策划会展主题，然后是会展产品的生产和营销同时进行的阶段，即前期的准备阶段，接着是会展产品的生产和消费同时进行的阶段，也就是举办会展的阶段，最后是展会后服务和展后评估的阶段。根据会展管理的这些流程，分别设置了会展策划、会展项目管理、会议运营管理、会展营销，以满足学生对以上教学内容的需要。

与会展管理密切相关的一些产业的知识也非常重要，但由于会展管理专业的培养目标主要是会展策划和管理人才，因此，可以通过设置选修课或专题讲座的形式讲授此类知识。相关产业方面的知识的技术性和专业性很强，会展管理人员只需对其有大概的了解，在实际工作中是通过转包或分包的形式把这些工作分配出去的，而且这些知识也不是通过一两门课程就可以详细介绍的。所以，此类课程在会展管理专业教学内容中所占的比例应该适当缩小。此类人才可以通过在相关专业下设一定的方向或课程的方式来培养。

4. 会展实践课程

会展管理专业教学内容的实践环节也非常重要，但与其他诸如旅游管理、饭店管理或其他专业不同的是，很难让所有同学在一个相对较长的固定时间内（2～3个月）在某一个会议或展览上进行实习，所以，会展管理专业的实习具有很强的随机性。随机性是会展管理专业学生实习的一个显著特点，这一特点加大了院系对学生实习的管理难度，但也让学生在上专业课的过程中有更多的接触实际的机会。所以，在会展管理专业没有设置专门的实习课程或实习时间，而是根据会展市场的需要，随时给学生提供实习机会。

四、教学方法

教学方法所要解决的是如何使学生具备适合会展管理的知识结构和能力的问题。教学方法的选用要结合具体的教学内容和教学内容的特性，同时还要遵循一定的原则。从教育的角度来讲，一个专业的教学内容应该有大部分是相对稳定的，但作为一门新兴学科，会展管理专业的教学内容又具有很强的动态性，所以，会展管理专业教学一定要遵循稳定性和变动性相结合的原则。同时会展管理专业具有很强的实践性，所以，在教学中，应该让学生积极地参与到教与学的过程中，培养学生的参与意识和动手能力。在教学方法的选用上，要体现理论联系实际并以学生为中心的原则。在实际教学中，可以使用案例教学、互动教学、情景教学、实践教学等多种教学方法来体现这些原则。

教学方法是一个相对灵活的问题，在实际教学工作中可以根据具体的教学内容及其特点选择多种教学方法。会展管理专业与其他管理类和社会科学类专业有很多共性，可以借鉴相关专业的教学方法，但在实际教学中，笔者深感以下几种教学方法在会展管理教学中非常重要，需要在会展管理专业教学中推广。

（一）情景教学

情景教学遵循反映论的原理，充分利用形象创造生动具体的教学情景，通过角色扮演激发学生的学习情绪、潜在智慧，从而引导学生对知识的整体理解和运用，促进学生知识、素质和能力的和谐发展。情景教学是借助丰富的想象和情感，使学生获得对事物本质和相互关系的认识。

在会展项目管理和其他课程的教学中，情景教学方法被普遍使用。会展项目管理是把会议、展览作为一个项目进行管理，涉及会展项目的启动、人员的配备、项目的计划和控制、风险管理、财务管理以及会展项目后评估等一系列程序。在会展项目管理教学中，通过假定举办一个具体的会议或展览活动开始情景教学。

首先，选择项目经理，配备项目管理人员。可以把学生分为若干个小组，分别为会务组、公关部、营销部、后勤部、财务部等；教师可以作为小组中的主要成员，也可作为旁观者。其次，制定项目计划，包括财务计划。由每个小组把自己负责的工作任务细分，并逐层向上集中形成项目计划。再次，由老师在不同的时间或不同的工作范围设定多个突发性事件或风险性事件，由各个小组分别解决。这既是风险管理的过程，同时也是项目控制的过程。这一阶段非常容易激发学生的创造力和集体智慧，是会展项目管理情景教学的重点。最后，对会展项目的实际运营状况和结果进行评估。

情景教学把整个会议展览的管理流程通过设置一个情景，让每个同学都成为项目小组中的一员。在会展项目管理过程中，每一个同学都会考虑自己的职责分工、每一项工作、可能发生的风险以及如何解决工作中的问题。这样会让同学有更高的积极性，同时也使学生对这一情景有更深的印象，并加深学生对管理理论的理解。

（二）互动教学

互动教学就是通过各种形式提高学生的参与性和学习积极性，如案例教学、分组式讨论等。可以要求学生策划一个会议或展览，策划方案主要包括五个部分：一是所策划会展项目的可行性分析；二是项目小组人员的分工；三是营销方案；四是工作计划；五是财务预算。作业的最终表现形式是一个幻灯片，每个小组派一名同学到讲台前演示自己的策划方案。小组之外的其他同学分为两个小组，一组作为会展公司的最高管理层，通过对所策划方案的可行性分析及财务预算部分的评议，决定是否通过该策划方案；另外一组同学作为参展商代表，通过对营销方案的分析，决定是否参加该会展项目。作为管理层和参展商的同学在策划方案演示完之后，通过提出问题或质疑的方式来加强对项目的理解，项目小组的同学应尽自己最大努力回答问题，争取获得管理层的批准并吸引参展商参展（会）。在每一个策划方案结束之后，老师要对策划方案以及管理层、参展商以及项目小组的同学的表现进行点评。

这个安排在实际运行中效果非常好，主要表现在以下几个方面：一是项目选题新颖，符合产业发展趋势和会展产业发展规律；二是学生的参与热情高涨，表现出了极大的学习兴趣；三是项目小组的同学能够团结协作，培养了团队意识；四是提高了学生发现问题和解决问题的能力，作为管理层和参展商的同学能够提出很多专业性的问题，如展区的划分、展品侵权问题、活动安排技巧问题、促销技巧问题等，而项目小组同学也能够非常理性地回答管理层和参展商所提出的问题；五是老师最后的点评可以进一步加深学生对会展策划和会展管理理论的理解。

这就是互动教学方法在会展教学中的成功运用。这也说明会展管理教学中互动教学方法的重要性，因为它可以提高学生的参与意识和学习兴趣，应该在设置会展管理专业的院校推广。

（三）实践教学

实践是会展教学的重要环节，也是会展管理专业的重要教学方法。在实践过程中教会学生如何策划、管理一个会展项目，能够给学生真实的体验。笔者曾带领学生在"SARS对IT产业的影响""博鳌亚洲教育论坛""2003中国国际会展论坛"等一些国际性会议上实习。学生虽然在会议运作中没有担当管理者的角色，但是却能够发现各种各样的问题或碰到各种突发性事件。这种实践教学方法可以使学生更深地了解会展管理的基本流程和操作技巧，并总结会展管理的经验。

五、教材建设

（一）我国会展教材建设现状

好的教材可以使教师和学生同时获益，但目前我国会展教育面临的另一大障碍就是缺乏教材。这里所说的缺乏不是指数量上的缺乏，应该说经过十几年的发展，目前可用于会展专业教学的教材数量非常多；而是指教材质量上的欠缺，主要表现在：一是编写人员结构上的欠缺。从目前国内所编写的教材来看，编写人员大多来自教学单位和科研院所，他们虽然具有较高的学历和理论水平，但缺乏会展管理实践，所编写的教材往往理论有余而实践不足，对会展专业这样一个操作性极强的学科往往缺乏指导意义；二是教材质量的欠缺。从整体上看，现有的教材还不够系统、完整，还没有建立起会展学科完整的理论框架，缺乏实务操作，也缺乏会展学科基础理论。

（二）教材建设的策略

编写一套好的会展专业教材不是一蹴而就的，需要会展业内各方面人士的共同推动。

1. 加强教材编写的研究

首先，要邀请和会展相关的各方面人士进行讨论，系统论证会展专业教材的体系、内容；其次，要加强会展专业基础理论研究，多发表具有理论深度的学术论文，加强会展教材的理论基础；另外，教材建设要与课程建设相契合，使一些会展基础课和核心课能够找到合适的教材。当然，不同院校一定会有一些特色课程，而这样的特色课程往往是根据各自的学科优势、任课教师的研究专长或者是根据社会热点设计的专题课程，就很难为其匹配教材，这就需要任课教师自编教材和课件。

2. 教材编著者结构多元化

结构多元化可以体现在多方面；第一，职称结构多元化。一般出版社都会倾向于让具备副教授以上职称或博士学位的专业教师担任教材的主编，那么对于刚刚入校从教的年轻教师来说，就应该由有经验的、职称高的、学历高的教师来带领和提携；第二，职业结构多元化。教材并不能完全由教师来编写的，对于会展专业这样实践性很强的专业，特别适合由教师和业内人士组成创作团队共同完成教材。教师缺乏的是实践，而业内人士缺乏的是理论，只有他们共同组成团队，才能编写出既有理论基础、又有实操案例的好教材；第三，国别多元化。教材编写不仅仅应该强调理论和业界的结合，也应该强调中外作者的结合，吸收国外教材的优点和编写经验。

3. 自编教材和引进教材同时并举

教材供给一方面可以由我国学者、教师自己编写，也可以引进一系列国外成熟的会展教材，尤其是欧美会展方面的著作。2008 年，笔者在美国访学期间，曾经购买过多本在乔治·华盛顿大学会展管理专业作为教材使用的书籍，而且最近这些年，这些教材不断地被重印和再版，这说明这些教材是经过市场考验的优秀教材。目前，北京第二外国语学院的教师已与重庆大学出版社签订合同，遴选了一批国外优秀教材，把它们翻译到国内，为我国会展专业学生提供更多选择。

4. 加强教材的评价

教材也是一种产品，需要客户和市场的认可，而且好的教材往往都是被使用多年，如高鸿业老师的《西方经济学》一直以来就是大学里经济学基础的主要教材。当然，对于会展专业这样一个不是太成熟的专业和学科来说，想有这样的教材目前还不太可能，但会展教学确实需要好的教材。那么好的教材应该通过各种评价机制脱颖而出，比如可以事前通过"精品教材""十三五规划教材"等项目的建设来推出好教材。教材推出之后，还可以通过事后评价，尤其是建立起教师、学生、企业人士、协会等共同评价的机制，以及各种评奖活动来推动会展教材的建设。

参考文献

[1] 刘大可，张文，王向宁. 美国会展管理教育及其对我国的启示. 旅游科学，2003（5）.

[2] 王春雷. 我国高校会展专业办学模式研究. 旅游学刊，2004 特刊.

[3] 王云龙，王家宝. 旅游院校创建会展管理专业的 SWOT 分析与发展思路——以上海师范大学旅游学院为例. 旅游学刊，2004 特刊.

[4] 饶雪梅. 关于构建高职会展管理专业课程体系的探讨. 旅游学刊，2004 特刊.

［5］金辉. 国际旅游院校会展教育的现状和我国的差距. 旅游科学，2003（1）.

［6］王起静. 会展经济与管理专业课程设置的实证研究［J］. 旅游论坛（核心），2010（12）.

我国会展专业人才培养模式创新研究

高凌江

摘要：会展人才是推动会展产业健康、持续发展的关键因素之一。我国会展产业快速发展对会展人才需求总量不断扩大，对会展人才素质的要求不断提高。为了满足会展产业发展的需求，我国不论是在学历教育还是专业培训方面的会展人才培养上都取得了较大的进步，但也存在着很多问题。针对目前在会展人才培养上存在的问题，提出了创新我国会展专业人才培养模式。

会展人才是为会展产业提供产品和服务的专业技术人才。根据会展产业发展的基本特征，按照"金字塔"模型进行划分，会展专业人才需求类型主要分为会展业相关理论和政策的研究型人才，会展策划和会展高级运营管理人才，翻译、会展商务、旅游接待等会展支持型技术人才，为会展业提供设计、搭建、运输、器材生产销售等操作性人才四个层次。根据会展产业链和发展业态，会展专业人才的需求分布涉及许多相关的部门和行业，如政府会展管理机构、会展行业协会和会展专业组织，会展中心（场馆），会展策划、服务公司，旅游公司、差旅管理公司，酒店商务会务部门，企业参展（会）部门，会展教育、培训、科研和咨询机构，等等。

一、我国会展产业发展迅速及对人才需求状况

近几年，随着我国经济不断发展，会展产业迅猛发展，各地区纷纷将会展业列为优先发展的重要产业，并出台各项优惠政策予以扶持，中国逐渐从会展弱国发展到会展大国。虽然 2015 年全球经济深度调整，中国经济面临下行压力，但中国展览业仍实现逆势增长。中国会展经济发展研究报告数据显示，2015 年全国共举办 3 168 个展览会，展览会总面积大约 8 900 万平方米。其中，经贸类展览会有 2 612 个，比 2014 年增加约 7.8%，总面积约为 7 874 万平方米，比 2014 年增加约 10.8%。规模以上展览城市中有 74% 的城市展览面积增加，而经济发达地区的展览重点城市增长更为明显。展览会总体规模继续扩张，但增长率仅为

1.2％，增长步伐明显放缓。而 2016 年全国举办各类会议数量就更多，据估计达百万级。到目前为止，中国会展业基本形成了以北京、上海、广州、大连、成都、西安、昆明等城市为中心的环渤海、长三角、珠三角、东北以及中西部等五大会展经济产业带格局。我国会展产业迅速发展意味着对会展专业人才的巨大需求，我国会展行业每年对从业人员需求约 20 万，并表现出行业分布广的特点。

根据会展业特点和我国客观情况，会展支持型人才和操作型人才的需求量较大，而会展业相关理论和政策研究人才以及会展策划和会展高级运营管理人才需求相对较小，并且对这些人才的素质要求较高。目前许多高校开设了工程技术、外语、设计、国际贸易、旅游住宿、接待、金融专业，而且教育层次、方式已经呈现出多元化的特点，这为培养会展业的支持型人才奠定了基础。从目前对会展专业人才需求的结构来看，会展支持型人才和操作型人才需求饱和，但供给还在不断增加。而会展相关理论人才和政策研究人才以及会展策划和高级运营管理人才的需求和供给矛盾非常突出，是会展人才培养急需解决的问题。

二、我国会展专业人才培养的状况及存在的问题

随着会展产业的不断发展，其对会展人才需求日益增加，中国会展的教育与培训市场也迅速发展壮大，一个全国性会展专业人才培养体系框架初步形成，我国会展人力资源建设能力有了极大的提高。目前我国已经初步形成了高校专业教育、行业培训、社会证书培训的会展专业人才培养的结构体系。

（一）我国会展专业人才培养的状况

1. 会展专业学历教育发展迅速

从 2003 年开始，近十几年来，会展专业学历教育发展迅速，普通高等院校、高职、高专院校齐头并进，共同发展。根据 2015 中国会展教育发展报告发布的数据，我国会展专业招生规模在连续 12 年持续扩张后，2015 年首次出现微量萎缩，全国招收会展专业新生（不含会展专业方向）13 795 人，较 2014 年减少 3.48％。新生入学后，全国会展专业在校生规模达 43 910 人，其中，本科生为 13 214 人，较 2014 年增加 5.0％，创历史最高水平。2015 年，全国招收会展专业新生的高等院校达 232 所（未含大类招生），较 2014 年增加 3 所。今后三年，全国会展专业本科和高职应届毕业生人数为：2016 年 12 523 人、2017 年 13 855 人、2018 年 13 586 人。

近年来，本科院校的会展专业发展略快于高职，而高职招生数占比大致每年下降 1 个百分点，呈逐年微降趋势。如图 1 所示，从院校数和招生数的变化情况看，2011—2015 年，高职院校数增长比例不大（13.8％），而高职招生数增长比

例是高校增长比例的近一倍（25.6%），说明有较多高职会展院校招生数量在逐年扩张。这是因为会展是一个新兴产业，有不少地区会展专业被列为国家级、省级、市级建设项目，专业发展得到强有力的支撑。2016年教育部公布的最新《教育部关于公布2015年度普通高等学校本科专业备案和审批结果的通知》显示，又有14所高校获批通过开办会展经济与管理本科专业。至此，在我国，一共有98所会展专业本科院校开设了会展专业。

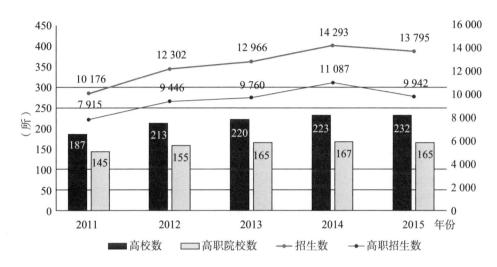

图1　历年开设会展专业院校数和招生数变化情况（2011—2015）

资料来源：2015中国会展教育发展报告。

2. 会展专业培训市场日益壮大

为了满足会展业对会展人才的大量需求，一些高等院校、会展行业协会、咨询公司以及国外教育机构等纷纷投身于会展培训市场，各种培训班蜂拥而至。从2004年5月起，国家劳动和社会保障部中国就业培训技术指导中心陆续在全国范围内开展了"会展职业培训合格证书"认证的试点工作。同时，为提高会展业中高级管理者的职业化素质，中国贸促会自2003年12月从美国引进了全球唯一的会展专业培训认证体系，即"注会展经理"培训认证体系，这是我国首次从国外引进的成熟会展培训体系，填补了我国会展培训方面的空白，为促进我国会展业健康快速的发展提供专业化人才。虽然培训市场发展迅速，也非常火爆，但是很多培训班缺乏系统的教学内容，起不到深入培训的作用，不能满足会展从业人员进一步培训的要求，有待于进一步完善，从根本上解决会展人才的再培训。

（二）我国会展专业人才培养存在的问题

我国在会展专业人才培养方面虽然取得了一定的成绩，但是会展专业人才培养的现状表明，一方面政府和社会对会展专业人才培养非常重视，其投入日益加大，另一方面，会展专业人才供给与需求矛盾日益突出。会展专业人才培养的根本问题，体现在公共资源分配与会展专业人才市场需求的匹配脱节。会展专业人才培养分工不明，没有实现有效细致的分工、分层，造成资源的重复投入和浪费，效率低下。会展专业人才培养的师资力量、教学质量参差不齐，会展专业人才培养缺乏对会展行业综合性的认识，缺乏科学的政策导向，导致某些会展专业人才过剩而某些会展专业人才奇缺。会展专业人才培养问题在于会展专业人才培养的定位不明，专业学科课程设置不够合理，核心课程不明显。具体主要包括以下几个方面。

1. 会展教育师资和教材建设相对滞后

从教育发展规律看，任何一个学科领域的发展都需要确立双重主体：一是要确立高校在学科建设中的主导地位，二是要确定高校在同行教育中的主导地位。但目前会展专业的学历、学位体系不健全，高校在会展教育中的主体地位尚未确立。另外，会展教育无论是在师资培养，还是在教材的规范和课程的设置方面都还不够完善。全国开设的各类会展相关专业院校及培训机构相对较多，但是目前的师资和教材相对落后，还没有建立起较强的师资队伍和完善的教材。在这种情况下，盲目开办相关专业，不但会造成教育资源的浪费，同时还会造成大量的人才流失。

2. 会展专业人才培养体系结构不合理

众多院校缺乏对会展行业特殊性的了解，在没有明确的培养目标的情况下，盲目办学，攀比办学。由此导致的后果不仅使会展人才的培养质量大打折扣，而且在专业设置、课程设置等方面都存在一定的问题。会展专业人才培养缺乏层次性，需求与供给错位。支持性人才能够满足会展业的需求，而会展核心人才和会展辅助性人才相对缺乏。研究会展教育，首先应该对高校会展专业教育进行定位。高等教育具有层次性，其系统结构皆呈金字塔形，处于塔基的应是为数众多的应用型人才，以职业性为价值取向，培养社会急需的应用型、技术型人才。如果高等学校教育层次分类模糊、定位不准，既有可能造成自身的教育资源不能做到扬长避短，又有可能使培养的学生不能很好地符合社会需要，产生就业难的问题。

三、创新我国会展专业人才培养模式

从目前的状况来看，培养一批既有创新、策划能力又有现代经营理念的会展中高级管理人才，可以增强我国会展行业的国际竞争力。而培养一大批初、中级会展运营管理及操作人员，既可以满足目前会展行业对人才的迫切需要，又能缓解就业压力。在会展专业人才培养中，首先，要确立高校在会展教育中的主体地位，加强师资队伍的培养和教材的建设。其次，充分明确会展专业人才培养的相关主体的各自分工，并按照会展业对人才需求的特点，充分发挥自己特长，培养出不同层次的会展专业人才，解决会展专业发展的人才瓶颈。

1. 会展教育主体分工明确，定位清晰，各司其职

明确高校在会展专业人才培养的主体地位，在高等院校培养会展专业人才的过程中一定坚持"金字塔"形发展战略。要根据会展业本质特征进行教育布局。具体思路：一是着力发展职业教育，培养适应会展业发展的熟练工种；二要适度发展本科教育，主要立足组织、策划、设计等专业；三要少量发展研究生教育，主要立足于行业研究、教育、教学以及政策制定等方面。

会展理论和政策的研究人才的培养主要为会展业的健康发展提供理论支撑和政策的引导，以及为会展产业的教育提供教师资源。在比较有名的研究型大学开设会展专业研究方向，招收硕士或者博士，但要严控招生规模。另外，会展职业培训要定位准确，它是学历教育的延伸和继续，应充分发挥其应有的作用，为会展人才在进入行业及提升行业知识水平、继续拓展职业素养方面发挥作用，实现会展职业培训和学历教育相互补充的合理的会展专业人才培养模式。

2. 创新会展核心人才、支持型人才培养模式

会展核心人才需要具备会展管理、策划、营销、沟通、运营、决策、协调能力，能够独立统筹和承担会展各个业务环节。在会展专业技能之外，还必须熟悉国际惯例与国际贸易规则，了解不同的文化、法律、风俗、信仰等，能很好地与国外客户洽谈业务。培养这类人才通常是发展会展本科教育，按照"宽口径、厚基础"的原则进行培养，为会展核心人才的培养奠定坚实基础。毕业后再到社会上经过多年的磨炼和进一步的职业培训后，才有可能成为成熟的会展策划和管理人才。

从我国的客观情况来看，会展支持性人才的培养已有相对较长的历史，许多高校开设了工程技术、外语、国际贸易、旅游住宿、接待、金融专业，而且教育层次、方式已经呈现出多元化的特点，这为培养会展业的支持型人才提供了方便。因此，相应的只要在这些专业的教学中开设一些会展方面的相关课程，或者作为第二专业进行辅修，就可以满足对会展支持型人才的需求，也可以对这些专业的毕业生通过社会进一步培训，即可解决这方面的人才需求。

3. 创新会展产业辅助型人才、操作型人才培养模式

会展产业辅助型人才，即展会设计、展台搭建、会展物流、会展评估、广告等方面的专业技术人才。这些人才需要明白会展行业特殊要求，需要通过会展专

业的职业化训练，才能逐步适应会展行业的要求。我国高校根据对会展人才需求的特点，发挥自己办学特长，对市场进行细分和定位，在专业设置上发挥自己的特色，可以依托已有的专业基础，增开会展方向，这样使已有的专业和会展进行有效的结合，为会展行业培养会展辅助型人才。会展行业操作型人才要具有相应的动手能力和专业素养，这类人才培养相对容易，现在很多职业院校开设了会展专业，在会展人才培养上注重实际操作能力和服务意识，能满足会展操作型人才的需求。但各个院校要注意控制招生规模，防止供大于求。

参考文献

[1] 黎春红. 我国高校会展人才培养模式创新设计. 广西教育，2010（12）.

[2] 2016 中国会展经济发展研究报告.

[3] 丁萍萍. 中国会展教育发展报告. 中国会展经济研究会，2015.

[4] 孟铁鑫. 会展人才培养现状及发展战略. 中国人才，2008（3）.

[5] 刘大可. 中国高等会展教育发展态势分析. 北京第二外国语学院学报，2006（5）.

[6] 殷雯君. 我国会展人才培养存在的问题及对策研究. 华南师范大学硕士论文，2008.

[7] 蒋昕. 基于需求分析的普通高校会展人才培养构想. 武汉工程大学学报，2010（2）.

[8] 余向平. 会展专业人才的结构及培养模式探究. 职教论坛，2007（18）.

[9] 张俐俐，庞华. 研究型大学会展专业人才的培养模式. 旅游科学，2008（6）.

[10] 余国扬. 高校会展人才培养研究. 广州大学学报（社会科学版），2004（12）.

[11] 许冰镤. 论产业链视角下会展专业人才培养. 全国商情（理论研究），2010（14）.

[12] 杨丽霞. 我国会展人才培养问题研究. 世界经济与政治论坛，2009（5）.

[13] 丁萍萍. 中国会展教育发展报告，2015.

会展人才综合能力培养模式研究

刘　畅

摘要：随着会展业的蓬勃发展，会展人才需求逐渐增加，作为一个年轻的学科，会展教育不断借鉴国内外成熟模式，完善其学科体系。本文基于当前会展人才能力特征，对比中外会展教学模式，试图针对我国目前会展专业人才培养中存在的问题，提出会展人才综合能力培养的可行方案。提出以课堂为中心，通过教学环节、教学内容的设计，使学生成为课堂的主体，强调互动式与体验式教学，培养学生综合能力，并提出推进校企联合、强化教师队伍建设等建议。

关键词：会展人才　综合能力　培养模式

会展是一个快速发展的新兴专业领域。近年来，随着会展市场的蓬勃发展，企业对会展专业人才的需求也越来越大。然而，当广大会展专业毕业生走上社会、走入市场时，却反馈出种种问题。如何适应市场需求，培养高素质的会展专业人才，成为一个需要深入探讨的话题。

一、会展专业人才能力特征

一般性研究表明，人才应具备以下几方面特质：知识性、职业性、适应能力、开拓能力和创造意识。美国劳工部通过调查，得出人才能力的标准为：处理信息的能力、处理人际关系的能力、系统看待事物的能力以及运用技术的能力。中国台湾社会学家杨国枢教授指出，大学教育必须同时达成四大目标：培养大学生对自己内在身心特质的了解；培养大学生求取新知的方法与能力；培养大学生适应个人生活所需之较高品质的能力、情操及行为；培养大学生适应社会生活所需之较高品质的能力、情操及行为。然而，当大学生经过系统性学习、走上工作岗位时，却普遍被认为存在实践能力和表达能力差、组织管理经验不足、人际交往和社会适应能力较弱、缺乏竞争意识等问题，这些问题在会展行业又体现得尤为明显，甚至出现企业不愿意雇用应届毕业生，一方面，企业存在大量的岗位空缺，亟须会展专业人才，另一方面，会展专业学生毕业找工作难，仅有一小部分进入会展领域。

1. 实践能力较差

实践能力主要是指毕业生的动手操作能力，也泛指分析问题和解决问题的能力。大学毕业生初到岗位往往欠缺动手能力、操作能力及解决工作中实际问题的能力。会展领域，无论是展览会、大型会议、节事活动，还是奖励旅游，从活动开始前的招商招展、宣传推广到场地布置、人员接待，从活动进行中的现场管理到人员安排，一直到活动结束后的撤展与活动效果调查评估，涉及很多繁杂而细小的工作，需要工作人员细心踏实，既要具备处理常规事务的能力，又要具备处理突发事件的随机应变能力，但学生恰恰在这方面显示出明显的不足，"眼高手低"成为新员工的通病。

2. 人际交往能力与社会适应能力欠缺

每一个会展活动都涉及大量的客户，如展览会中的参展商、专业观众与普通观众，会议的嘉宾与观众，节事活动的参与人员等，而且这些人员中仅有一小部分是固定不变的，大部分具有很强的变动性。除此之外，很多会展活动会根据活动目的与受众特征选择举办地点，项目组成员经常出差，面临新的环境。因此，可以说，会展领域对员工的人际交往能力和社会适应能力的要求更高，但毕业生往往不善于处理各方面复杂的关系，疲于应对。

3. 表达能力有待加强

表达能力是指运用语言阐明自己的观点、意见的能力，在工作当中主要体现为口头表达能力和书面表达能力。会展活动的宣传推广、人际交往对口头表达能力有着较高的要求；会展活动中新闻稿、邀请函、参展说明书等的撰写要求较强的书面语言表达能力。然而，大学毕业生却普遍存在私下滔滔不绝，正式场合却语无伦次，不知所云的问题，甚至有的大学毕业生到工作岗位后，不会写工作总结，缺乏必要的写作知识和写作技巧。

4. 组织管理经验不足

在会展活动中，工作人员经常以"项目小组"的形式出现，因此可能非管理岗位的员工也会接触到组织管理工作。在实际工作中，许多毕业生更习惯于充当被动型角色，习惯于执行，不具备全局视角，难以胜任团队"领导"的角色。

此外，由于行业的特殊性，许多学生走上工作岗位之初，需要从项目助理等基础性工作做起，承担客户开发、客户联络等琐碎的工作，这对于许多大学生来说，难免会产生不平衡的心理，缺乏对工作内容的整体认识很容易让他们找不到自己的价值。学生在就业过程中面临的这一系列问题，说明在高校会展教育与就业需求之间仍存在错位。要解决这一问题，弥补人才"供给"与"需求"之间的缺口，迫切需要重新审视我们的教学体系，从教学内容、教学环节、教学方法等角度入手，探索会展教育的新模式。

二、会展教学模式的中外对比

1. 国外的会展教学模式

国际上成功的会展人才培养模式都秉承"理论＋实践"的宗旨，鼓励学生不仅获得知识，还要得到自身能力的提高。国外成功的会展教学模式中有以下几个关键内容。

（1）实习制度

很多国家的会展教育把"实习"视为非常重要的一部分，要求学生学完理论课程后，要在实业部门从事一年的实际工作，即"职业实习年"。学生可以在一系列与学校合作的优秀公司实习，经过专业人员的指导和监督，促进学生对所学内容的理解和掌握，同时加深学生与未来雇主之间的双向了解。

（2）企业导师制

以伯恩茅斯大学为代表的学校明确提出其培养目标为"培养适应未来职业的学生"，因此，在课程开设上由专任教师和企业导师合作，共同开设课程，加入企业导师的用意主要在于带来前沿信息，反映当下市场环境及企业的需求。

（3）开设实践课程

瑞士在"以店为校"的育人理念指导下，将实践教学进行得淋漓尽致，学生在日常学习理论知识的同时，还要在校内的餐厅等实习地点进行实际的操作演练，并有专业的教师在旁加以辅导。这样，学生的理论知识可以马上经过实践的检验。在洛桑酒店管理大学，学员们除了在课堂学习有关管理的理论课程，还要把大部分时间花在研究一道菜的搭配、实地练习刀叉在餐桌前的摆放、客房的床铺整理，有时还要演练一次聚会从规划到实施的全过程，这样的联系贯穿于四年的本科学习。

美国很多学校配有完备的实践教学基地，为学生提供良好的实践条件及锻炼机会。例如，康奈尔大学校内设有实习饭店——斯特拉酒店（Star Hotel）以及实习会议中心——J. W. 马里奥特会议中心，在实践教学基地，学生可以跟随经验丰富的员工交流和进行技能学习，提高实践学习的效率和效果。

2. 我国目前的会展教学模式

目前，开设会展专业的高校基本已经形成了较为完备的会展教学体系。涵盖学科基础课、专业核心课、专业选修课与实践环节。其中，学科基础课涉及英语、数学以及经济学等核心课程；专业核心课和专业选修课在不同程度上覆盖会展策划、人力资源管理、客户关系管理、财务管理、展览会组织与管理、会议运营管理、大型活动组织与管理、会展营销、会展场馆管理、会展文案、会展项目管理、商务旅游等课程，这样的课程体系基本覆盖到了学生未来可能会用到的理论知识。学生在就业从业过程中会出现问题，原因并不在于课程体系，而在于目前的大学教育以课堂教学为主，课堂教学以讲授为主。即使已经意识到"实践能力"的重要性，加入了实践环节和实践模块，但实践环节在多数情况下流于形式，导致"理论是理论，实践是实践，理论与实践割裂"，而且重学分、重成绩、轻专业本身、轻深入学习、轻能力培养的现象普遍存在。"理论＋实践"成为"死读书"与"动手做"两个极端的结合，学生并没有参与的主动性，能力的培养仍然是缺位的。

然而，介于中国高校会展专业目前师资有限，学生数量较多，校企合作程度不高，高校很少有自己的产业等现实情况，安排一整年的时间让学生参与实习，让学生在会展场馆、宾馆酒店自行组织活动等想法很难实施；此外，根据企业需求和学生的情况实施定制化教育，量身定做培养计划也难以实现。

针对我国现行会展教育培养模式下显露出的弊端，借鉴成功模式的可行经验，推进会展教学模式的改进，应明确以下两个问题：

第一，明确培养目标。我们的培养目标是使学生具备较强的综合能力，而不仅仅是就业导向下的就业能力。因为我们无法精细到为每一个学生设计他的就业岗位，也无法精确地预知岗位需求，"定制化"也就无从下手。在这样的环境中，应关注学生的综合能力培养，将教育重点放在"怎样学"上，而不仅仅强调学生学到了什么。

第二，明确教学的实施重点在课堂。受传统教学观念的影响，我国高校教学历来重视知识、理论的传授，强调知识的完整性、系统性和连贯性，注重学生对知识掌握的多少，学生也已经习惯了这样的教学模式，对传授式教学方法产生了很强的依赖性。直接模仿国外的做法，采取大量的实践、实习的方式，很难取得良好的教学效果。因此，教学模式的改革仍应把重点放在课堂，通过重构课堂教学模式，实现对学生综合能力的培养。

三、会展教学模式的改进方案

要想在课堂教学中真正实现"理论＋实践"，就需要改变以往以教师为教学活动主体，以讲授为课堂教学方法，学生端坐课堂，被动接受教师传授的知识的方式。将教师的角色定位于"引导"和"纠偏"，优化教学内容，在课堂教学中，强调互动性与实践性，让学生学会思考，学会表达，实现能力的"自我培养"。

1. 强化案例教学

实现课程设置紧贴行业实际的目标，案例教学是一个重要手段。教师应搜集会展活动策划、运营、管理等关键环节的相关资料，以及参展商、观众的信息资料，并对其进行分类整理，作为常规教学范例，在不同的教学课程中分阶段运用，引发学生思考与讨论。同时，指导学生选择相关会展活动进行模仿性设计，强化学生对理论知识的理解与掌握。

2. 设计角色体验

设计角色体验主要针对学生难以真实地参与会展活动这一问题。可以借鉴情景模拟法，根据教学内容创设模拟工作环境的方式，让学生以小组为单位扮演特定的角色（即参展商、展会及节事活动的组织者、专业观众、媒体等相关方）策划、组织或参加活动，灵活处理活动过程中的团队合作、商业洽谈、招展招商、现场管理、突发事件等情景。这一过程将锻炼学生的沟通能力、问题研究能力、问题解决能力、团队协作能力与语言表达能力。

3. 安排实地调研

北京市有中国国际展览中心、国家会议中心等大型会展场馆，北京展览馆、全国农业展览馆等兼具底蕴与特色的著名场馆，每年举办上千场展会和丰富多彩的节事活动，学生有很多机会到会展活动现场调查走访和搜集信息。会展实践教学中的实地调研旨在充分发挥学生的主观能动性，让学生通过自主探索来获取会展活动中的布展、开展、撤展等环节中展台搭建，展品运输、接待、咨询等实务信息。

4. 明确任务设置

会展实务运作过程细节繁多，难以形成知识点脉络，如不加以引导，学生很容易在实践过程中陷入走马观花、无所适从的窘境，这也是现有的实践环节和实习难以切实提高学生能力的关键原因。因此，无论是角色体验还是实地调研，任务的布置非常重要。在学生参与实践活动之前，教师必须要设置恰当的任务，清晰地列出任务标准与任务要求，向学生介绍任务中所需用到的理论知识、流程、所需设备和参考资料以及重点关注事项等，使学生明确自己的工作内容以及所要达到的目标，在问题的引导下，有思考地进行实践活动。教师还应在课堂上适当布置课题供学生课后研究，要求学生翻阅资料，通过调研解决问题。

5. 给予专业指导

受软硬件设施限制，大多数院校不具备会展实训条件，其会展实践教学很难复制美国高校模拟展厅，组织会展专业学生在学校策划和实施会展活动的体验模式，而只能引导学生参与和体验现实中的会展活动。这就导致学生的实地调研结果或角色参与结果难以接受市场行为的考验，必须由指导教师对学生的实践结果给出正确的、专业的评价和指导才能使学生对会展相关工作有更深刻的认识。这些专业指导既包括全局性的掌控，又包括细节上的指导，既包括对实践进展活动的监督，又包括对各阶段性成果的审核检验，同时要避免过多干预学生们的操作性工作。因此，指导教师不仅需要有会展方面的专业知识，还需要有丰富的会展实际运作经验。为了实现实践活动指导的有效性，有必要采取校企合作、聘请校外企业导师的形式对学生给予充分的指导。以企业导师丰富的实践经验弥补现有教学资料滞后于产业发展实践、专任教师业务操作能力欠缺的不足。

6. 改变考核方式

在统一考试内容、考试形式和评价标准的情况下，为了获取高分，只能采取死记硬背的方式。在这种教学状态中，学生缺少学习主动性和积极性，课堂参与程度较低，学生始终处于被动地位。因此，考核方式的改革是推进会展教学模式改革的重要方面，为充分调动学生的参与度，培养学生的实际操作能力，应采取小组作业与学期报告相结合的形式，替代传统的闭卷笔试的考核形式。突出过程评价与阶段评价，重点考核学生的组织策划能力、语言表达能力、分析问题和解决问题的能力以及创新实践能力。

四、会展教学模式改革的措施保障

为实现会展教学模式在学生能力培养方面的探索，应着力推进校企联合的深入，同时加强师资队伍建设。

1. 推进校企联合

校企联合的开放式办学模式是欧美国家旅游院校的成功之道，目前我国的高校也在尝试这种模式。校企联合有助于培养单位获取市场需求信息，企业为学生提供带薪实习的机会，指导学生实际操作，达到实践教学的目的；企业的部分高级管理人员兼任学校的客座教授，可以把行业中的新发展、新问题带入课堂。学校则能够面向行业现实，形成科研体系，将企业中的实际问题作为自己的科研课题，进行调查研究，为企业提供咨询服务。

在校企联合过程中，可以探索依托会展项目开展实践教学的模式，由专任教师或企业导师带领学生参与到真实的会展项目中，对企业来说，充裕了人力资源，对学生来说，可以身临其境地感受真实的会展活动。

2. 强化师资队伍建设

强调教学中理论与实践的有效结合，其前提是有一支精通理论、谙熟实践的教学团队。在国外众多旅游院校中，所有教师都必须具有良好的理论素质和一定的实业工作经验，也就是学历背景和行业背景双优。以洛桑酒店管理大学为例，洛桑酒店管理大学现有教师 300 人，其中专职教师 200 余人，学校聘请教师的必备条件是要有酒店经营管理的经历，同时不能一直待在校园，每隔三五年就要回归企业，不断丰富自己新的行业信息，不断更新教学内容，提高实践教学质量。教师在实际部门的工作经历能使他们对行业信息十分了解，对所教授的内容十分熟悉，更容易获得学生的信赖。

反观我国的现实情况，我国的会展师资队伍有着强大的理论基础，但行业工作经验不足，教师本身缺乏在行业实际锻炼的机会，这是造成人才培养与产业需求脱节的重要因素。针对这一问题，短期来看，可以通过聘请不同背景的行业专家作为客座教授，从企业引进专业人员为学生上课等方式来解决这一问题。长期看来，要从根本上提高教学团队的实践能力，应鼓励教师参与实践，建立完善的教师挂职锻炼，教师与政府相关部门、行业协会和大型企业的联系制度，为在职教师提供培训机会，定期组织教师到会展行业企业进行技能培训，学习先进的管理经验、服务规程、服务标准，加强教师与行业的联系。

参考文献

[1] 安晓波，王泽烨. 会展专业教育实践环节教学的探讨与应用 [J]. 教育与职业，2010 (7)：161-162.

[2] 王春才，汪秋菊. 双向实践教学：产学研合作培养会展人才的新模式 [J]. 中国高校科技，2015 (1)：28-30.

[3] 张忠福. 建立以能力培养为中心的实践教学体系 [J]. 实验技术与管理，2011 (2)：11-14.

[4] 杨铭德，刘松萍. 基于需求导向的会展实践教学设计 [J]. 学理论，2012 (3)：156-157.

[5] 杜德省. 大学生就业能力的现实考量与培养策略 [J]. 山东省青年管理干部学院学报，2010 (3)：52-54.

[6] 胡瑛礁. 大学生能力与社会需求的探索和研究 [J]. 改革与开放，2011 (4)：110-112.

对北京高校培养会展专业人才的思考

许忠伟

摘要：通过对北京会展行业人才需求和供给两个方面的分析，发现在北京会展高校人才培养中存在培养目标与产业需求脱节、教材与师资不满足产业需求等问题，在国际会展高校教育比较分析的基础上，提出优化培养目标，优化专业课程设置等具体措施。

一、引言

会展作为新兴服务业，其强大交易功能、整合营销功能、调节供需功能、品牌展示功能日益受到企业的关注。2009 年 7 月，国务院常务会议通过的《文化产业振兴规划》提出，以文化创意、影视制作、出版发行、印刷复制、广告、演艺娱乐、文化会展、数字内容和动漫等产业为重点，加大扶持力度，完善产业政策体系，实现文化产业的跨越式发展。2014 年 3 月，国务院颁布《关于推进文化创意和设计服务与相关产业融合发展的若干意见》，提出，切实提高我国文化创意和设计服务整体质量水平和核心竞争力，大力推进与相关产业融合发展，更好地为经济结构调整、产业转型升级服务，为扩大国内需求、满足人民群众日益增长的物质文化需要服务。

2014 年，北京进一步明确了城市的功能与定位。政治中心、文化中心、对外交流中心和科技创新中心成为北京战略发展新定位。在文化沟通、对外交流上，会展一直是一种重要的方式。北京会展产业发展是北京实施"四个中心"战略转型的重要推手。

从产业发展的角度看，专业的人才是产业发展的重要推动力量。北京会展产业的发展同样离不开优秀人才的不断供给。北京会展企业和机构对人才有哪些要求？院校会展人才培养的方式及其与产业发展如何匹配？除了院校外，会展人才还有哪些培养途径？对这些问题的思考与解决将促进北京会展的可持续发展。

二、会展产业人才现状

（一）北京会展人才需求总量

2013 年，北京一共举办大小各类型的展览会 822 个、26.9 万个会议，有

21.8万会展从业人员。以每年10%的增长计算，大约需要2.2万人。

此外，由于会展业从业人员收入相对较低，人员流动性较大，加之从行业外流入本行业的高素质人才又较少，因此，在一定程度上加剧了会展业人才整体数量不足的程度。

（二）会展人才职业化尚未形成

从会展从业人员的来源看，北京目前会展从业人员都是从其他行业转行过来的，不仅经验不足，而且没有形成比较完善的培训和激励机制，大部分人还没有把会展组织、管理视为很有前景的行业。从稳定性来看，会展从业人员流动性大。这是由于会展活动的举办具有阶段性的特点，大多数会展公司往往在会议和展览举办期间临时集中一些人，而会展活动结束后这些人就被解散，因此具有长期工作经验的会展人才很少。这种短期行为极大地制约了专门的会展从业人员的发展。从美国会展从业人员来看，很多人的工作经验在10年以上，这也是美国会展经理人市场成熟的一个重要原因。

（三）缺少专业结构的复合人才

会展业具有较强的关联性，是一个整合度很高的行业，不仅涉及筹办、招展、营销、选题策划以及与客户接触，而且涉及具体活动中的协调管理和活动后联络等多个方面，因此，这就要求会展业从业人员具备物流、建筑、商业、广告、旅游、金融等相关的知识来满足工作岗位的需要。就北京会展业目前状况而言，人才的专业结构不全面，很难满足会展业多元化经营的需求。另外，目前在会展从业人员中，大多数人员缺乏一技之长，进行会议、展览以及节事活动的策划执行时分工不明确，致使工作效率不高，工作成果也不尽如人意。

（四）从业人员素养需要提高

人才的素养是指其综合能力，主要体现在受教育程度、健康状况、应变能力以及创新能力等方面。北京会展业人才受教育程度近年有了很大提高，但从业人员的应变能力和创新能力还有待进一步加强。同时，展览从业人员应用高新技术的能力也相对滞后。目前，从北京会展人才情况来看，缺乏系统的会展知识和相应的操作技能，在素质上存在参差不齐的状况，从业人员整体素质不高；在文化艺术素养、公关交际能力、语言能力、知识水平以及个人的形象气质等方面，与世界会展业人才素质相比，差距明显；熟悉展览业务、了解国际惯例、富有操作经验的专业人士十分匮乏，许多会展设计人员的设计理念尚停留在商品展销、成就展览的层次。

总体说来，北京会展经济虽然快速发展，但会展人才供给不足、会展人才供需错位，导致会展人才紧缺和从业人员素质亟待提高的状况相应出现。会展企业现在最缺乏综合性、复合型素质人才，尤其缺乏一方面具备工商管理、市场营销、平面设计和市场策划能力，一方面精通旅游管理和会展行业的复合型人才。

三、高校培养会展业人才供给分析

伴随着中国会展业的快速增长，北京会展教育近年来同样出现了"雨后春笋"般的高速发展态势，公办、民办高校齐头并进，普通高校、职业院校共同发展。会展业高等教育的发展为解决会展人才的短缺现状起到了积极作用。目前，北京高等院校的会展教育呈现出以下特点。

（一）人才供给增长速度快

北京第二外国语学院是北京地区第一个开设会展经济与管理专业的高校。该校 2002 年设立会展方向，2004 设立本科专业，2007 年设立研究生方向，目前已有 400 多名本科毕业生，近 20 名研究生毕业。经过 10 多年的发展，目前在北京开设会展专业和专业方向的学校（包括本科、高职高专）有首都师范大学科德学院、北京农学院、北京联合大学、北京信息职业技术学院、北京农业职业学院等 11 所，每年有约 300 名本科毕业生、400 名高职高专毕业生。

（二）会展教育涉及领域宽

从目前已经提供会展教育的高校看，涉及学科非常广泛。其中，占主体地位的有 5 大类：（1）经贸管理类，如北京第二外国语学院会展系设在经贸与会展学院；（2）工商管理类，如北京联合大学设立在旅游学院；（3）广告学类，如北京工业大学耿丹学院等；（4）艺术设计类，如吉利大学等；（5）外语类，如北京科技职业技术学院等。从课程设置看，目前各高校提供的会展教育中，主要以会议、展览的策划和管理为主，其次为展示设计，而装饰搭建以及服务接待方面的课程提供较少。

（三）普通高校较少涉足，职业学院发展迅猛

从提供会展教育的高校构成看，目前北京大约 80% 的高校为职业技术学院，招收专科学生；普通本科高校仅占 20% 左右。比较上海、广州等会展发达城市的会展教育，广州、上海分别有两所和一所 985 大学开设会展经济与管理专业，而北京没有一所 211 学校开设会展专业。

四、会展业人才供需匹配中存在的问题

高等院校是会展行业人才输送的重要源泉之一。现阶段，北京高等院校在会展人才培养方面主要存在以下几方面的问题。

（一）培养目标与产业需求脱节

北京只有少数学校开设了"展会设计"、"展会搭台"、"会展项目管理"、"会展物流"等专项的会展人才教育。然而，会展经营、会展策划等高端人才尽管十分重要，但市场需求却是"少而精"，通常需要有一定的实际工作经验，在此基础上进行培养，而在发达国家的高校中，常常将这些高端人才列为硕士学位教育或 MBA 教育。北京不少高职高专学校片面地强调抢占人才高地，以培养会展高端人才来定位，显然有失偏颇。因此，出现了以下两种情况，一方面从事会展的机构与企业在招聘过程中寻觅不到合适的人才，另一方面不断涌现出会展毕业生找不到工作岗位，使得会展教育过程中不根据实际需求的办学的问题凸显出来。

另外，在专业课的设置上，只注重了会展所依托专业背景的特点，忽视了会展产业对核心人才的需求。比如，旅游管理类的会展专业注重了学生的酒店管理和会展旅游的培养；外语类开设的会展专业注重了会展英语课程的开设，而有关展览、会议、大型活动等运营方面的课程开设较少，这样培养的学生就缺乏对会展项目策划、营销和运营管理的全面掌握。有的学校甚至错误地认为，所开设的课程只要与会展某一方面沾上边就是在开办会展专业了，这说明对会展人才的类型和结构缺乏全面的认识，导致其培养出的会展人才名不符实。事实上，会展行业不仅需要操作型人才，更需要知识多元化、具有一定专业深度的核心人才。

（二）师资队伍难以满足产业要求

虽然不少高校都设置了会展专业，但是会展教育师资队伍是很薄弱的。因为高校会展教育起步晚，从事该专业教学工作的教师不仅人数少，而且大都是从其他专业转行过来的，专业理论积累不够，实践经验也很缺乏，他们通过自己的努力，学习了会展方面的有关理论，但总的来说，缺乏行业背景和实践经验，加之会展业刚刚兴起，会展专业实训基地匮乏，致使会展教育往往局限于理论教学的层面，这就直接影响了会展教育与会展需求市场的对接。据了解，在北京一些正在筹办该专业的院校中，申报了会展专业后，先开设基础课后临时找会展专业教师或临时进行教师培训，然后再进行专业课的教学，这种临时抱佛脚的做法严重影响了会展专业的教学质量。

（三）适合教学需要的会展教材缺乏

由于会展教育市场的升温，现在市场上已有几十种会展专业的教材。教科书的数量虽然上去了，但从调查的情况来看，会展教材还缺乏理论系统性和研究深度，大部分属于资料性、汇集性、概览性，内容空洞，既缺乏理论创新，相当部分编者是通过编写教科书认识会展业和学习会展相关知识，知识的系统性、成熟度及对行业把握度均显不足，而学术性、学科性、理论的系统性、内容的科学性、合理性与先进性均有待提高。

由于会展教育起步晚，高校在这方面的专业积累和知识积淀较为匮乏，总体上缺少对会展产业、会展经济、会展管理的认识。近年来，会展课程发展快，但新资料、新成果较少，涉及相关主题的专著、教材缺乏。因此，向西方先进国家借鉴成熟的教材是十分有必要的，但许多出版社只是套用西方的概念，简单模仿，缺乏深入研究，没有很好地体现会展发展规律、没有适合中国国情和会展教育理论相符的教材。此外，现阶段高校会展专业使用的教材普遍存在照搬其他学科理论的问题，尤其在实践类教材上比较突出。许多会展实践类教材直接搬用其他学科的理论，套上会展的帽子。这样的教材对于实践性很强的会展教育来说，根本无法使用。

（四）缺乏实践教学

实践教学是培养实用性人才最常选择的培养模式，目前，北京高等院校实践教学方面存在的主要问题如下。

第一，实践教学课时太少。根据调查显示，高等院校实践教学的比例占到整体课程比例的不足 10%，而职业院校实践教学进行得相对较好。反观国外的会展教育，他们对基础理论讲授上只作些铺垫，大约只占四分之一，大多数是结合实践开展专门技能训练。造成这一现状的主要原因有两方面，一是部分院校在学生培养的过程中，还是注重理论知识的传授，没有针对市场培养业界所需要人才的意识；二是现行高校对于实践课教师的考评方式以及高校课时的设置也在很大程度上限制了实践教学。

第二，缺乏有效长久的校企合作机制和体制。校企合作不仅可以培养更适合企业需要的人才，也可以在学生的学习和专业技能的过程中，更了解自己的培养方向并锻炼自己的工作能力。反观目前会展专业的校企合作培养模式，并不广泛，主要体现在以下两个方面。

首先，缺乏校企合作下的教学规划。校企联合进行教学规划，有利于高校紧密结合会展企业的岗位要求，确定和调整培养目标和课程设置。然而，国内现阶段在教学计划、教学内容选择、课时分配等方面的制定上，企业参与者并不多见，造成这种现象的原因，一是学科认识不足，会展专业属于应用性学科，要求很强的操作能力，但由于会展高等教育起步较晚，虽借鉴了其他国家先进的课程内容，但是无论是会展行业还是培养会展人才的教育机构和机制还不成熟，忽视企业参与教学的重要性。二是传统培养模式的影响，目前会展专业多建于高校的其他专业基础上，这也造成培养过程中，理所当然地认为教学规划是由学校负责的。过度重视理论的培养，割裂"学历"和"能力"。三是高校与企业在课程设置要求上的矛盾，一般情况下，专业关注的是所需人才的专业技能，强调专业知识的实用性，理论上要求课程设置较少；而高等院校除了关注专业技能外，还应该考虑到学生全面素质的提高，要求课程设置更加全面和系统，这种矛盾也给校企教学规划合作带来了困难。

其次，校企合作流于形式。校企合作有利于学校充分利用企业资源，弥补学校实践教学条件的不足，有利于学生对会展业的工作流程的体验；对企业来说，也降低了用人成本。但目前学生在企业中的实习缺乏实践教学计划的指导，而且在实习期内做一些基本工作，甚至带有参观色彩，很少能深入一个岗位进行实践学习。

五、国内外展会教育的比较

（一）国外会展人才培养的经验

据统计，全球有 150 多所大学提供与会展管理相关的教育。美国大约占了一半，而且已经形成了相对完善的教育体系。在会展管理人员中，60% 以上具有学士学位，其中，近 10% 拥有硕士学位。在课程设置、教材编写、教师配备方面，美国也很有优势，且已成为重要的会展管理知识输出国之一。

1. 多元化的教育主体

美国的会展教育主要由高校、行业协会、中介机构和咨询公司等组织承担。其中，高校处于核心位置。目前，在美国开设会展专业或课程的主要院校有乔治·华盛顿大学、内华达大学、休斯敦大学、俄克拉荷马州州立东北大学等 75 所高校。其他像行业协会、中介机构、咨询公司等也为会展从业人员提供技能性培训。高等院校的学习以学位教育为主，一般不要求具有从业经验；而行业协会、中介机构、咨询公司从事的是技能培训和在职培训，学员大多具有一定的从业经验。美国高校基本上是在旅游管理或商务管理的基础上设置大型活动或会展管理专业。美国国际展览管理协会自 1975 年起开设了展览管理认证证书的学习课程，以期提高从业人员的专业水平。

2. 多层次化的教育体系

美国高校已经形成了与自己专业特色相适应的从一般职业资格认证教育到学士、硕士学位教育的多层次会展教育体系。美国的会展管理提法一般是"事件管理"或"特殊事件管理"。它不仅包括会议管理和展览管理，还涉及大型事件、体育事件、各种节庆甚至私人重要活动在内的事件管理。会展管理专业一般设置在酒店管理、旅游管理、接待礼仪、体育运动、休闲娱乐、艺术门类中。在目前开设会展教育的高校中，乔治·华盛顿大学的会展教育规模最大、课程体系最完整，学生不仅可以攻读学士学位，还可攻读硕士学位。该校于 1988 年率先推出的特殊事件管理职业资格认证制度已得到全球 20 多所大学的认可。

3. 实用化的课程设置

美国会展教育的课程设置具有很强的实用性。在本科教育中，由于学科重点不同，各学校提供的课程体系也有所差异。乔治·华盛顿大学开设的会展管理课程主要有 4 门必修课（旅游和接待管理概论、运动和大型活动管理中的问题、运动和大型活动商业企业、运动和大型活动营销）和至少 1 门选修课（在国际商务概论、国际营销管理、营销研究、公共关系等 12 门中选择）。内华达大学开设的会展课程主要包括 3 门必修课（会议业概论、会议规划、贸易展览运营）和 2 门选修课（在会展服务管理、会展设施管理、展示管理等 5 门中选择）。而硕士学位教育则主要向学员提供带有研究特征的相关课程，如内华达大学主要向研究生提供会议管理战略、服务业金融分析、市场营销系统、人力资源和接待行为管理等课程。

美国的职业资格认证体系也高度重视应用性问题。乔治·华盛顿大学大型活动管理资格证书（EMP）的考试课程设置则体现出初级入门的在职培训特点，4 门必修课包括大型活动的最佳管理、大型活动协调、大型活动营销、风险管理，选修课则是在大型活动的礼宾、大型活动赞助、餐饮设计和协调等 12 门课程中任选 3 门。

4. 多样化的教育途径

美国会展教育的时间安排有多种，每个人可以根据自己的情况选择适宜的方式。除了四年制的学士学位教育和两年制的硕士学位教育以外，还有一些两年制的社区学院也参与提供会展教育。职业资格认证培训的时间则更为灵活。以乔治·华盛顿大学大型活动管理证书培训为例，它主要是对刚进入会展行业、工作经验不多的人员进行初级入门培训，无学期要求。最短的学员在 6 个月里学完了全部课程，最长的则用了 36 个月。美国国际展览管理协会的展览管理认证证书课程学习要求学员在 3 年内学完 7 门必修课和 2 门选修课，最短的纪录是 11 个月，最长的则达 24 个月。

美国的高校还通过专业研讨会、书刊、VCD 等方式为公众提供学习会展知识的机会。此外，他们还通过远程教育，向全球 24 个国家提供相关教育与培训。乔治·华盛顿大学"特殊事件管理职业资格"认证体系获得了西班牙、摩洛哥等国家的认可。目前全球约有 20 多所大学采用了该校的会展职业资格认证课程，通过远程教育对会展从业人员实行职业培训。

美国高校的会展教育非常注重实践环节，许多高校在校园里建立模拟客房、餐饮设施，邀请会展业界人士为学生做讲座，并让学生实际参加会展活动，要求学生为学校的体育赛事寻求赞助商。这些实践活动对提高学生的实际操作能力大有益处。

（二）会展人才培养的国际比较

表面上看，会展教育如雨后春笋般兴起，带来了人才培养百家争鸣的格局。但据调查研究发现，中国会展教育虽然正处在快速扩张阶段，但与国际会展教育相比较，中国会展教育仍处于初级探索阶段，在人才培养方式、师资、课程等方面存在很大差距。详见下表"国际会展教育与中国会展教育特点对比"。

国际会展教育与中国会展教育特点对比

不同点	国　　际	中　　国
专业名称	事件管理或特殊事件管理专业（Event Management）（包括会议与展览、文化与重大事件、体育赛事及其他非商业性节庆活动等）	本科：会展经济与管理（为主）、会展艺术与技术 高职：会展策划与管理（为主）、广告与会展 中职：会展服务与管理（为主）、会展设计 （主要集中于展览的商业运作和管理）
培养方式	职业技术大学（定向培养、半工半读） 本科 研究生 在职培训/职业培训	中职（极少） 高职、本科（为主） 研究生（北京第二外国语学院唯一一所） 职业培训（较少）
人才培养	会展管理人才划分为核心人才、辅助性人才与支持性人才	定位不明确，大多培养支持性人才为主，或不分层次的培养
教学	模块式教学，注重实践（以德国为例，学生在校学习三年。每学期只上三个月课，另三个月推荐到企业实习）	有些院校重学术、轻职业教育；而有些院校又重实践技能，轻理论
师资	教师大多是具有丰富从业经验和研究成果的专业人员和研究学者	大多数从其他专业的教师队伍中转岗过来的，缺乏行业背景，又缺乏实践经验

续　表

不同点	国　　际	中　　国
课程设置	课程设置紧跟行业发展方向 专业基础模块：主要为会展专业所属院系的必修课程（如，德国将会展专业归为工商管理，则其基础模块主要为工商管理相关课程） 专业核心模块：按照会展涉及的专业领域，将课程分为几个模块或方向（如，德国分为四大模块：展览管理、会议管理、大型活动管理以及展示设计与搭建；美国则分为五个方向，即节庆管理、会议与展览管理、体育赛事管理、文化与大型事件管理、节庆筹资与赞助管理。）	课程大多是宏观的内容 可分为九个模块：基础经管理论、财会和财贸、营销理论、产业与城市经济、项目管理、基本理论和主要会展管理、运营与后勤协调、实操技能、支持领域

　　通过上表深入对比中国与国际会展教育特点，可总结出中国会展教育在教育理念、培养目标、课程模式等方面存在的诸多不足：在专业课程设置上追求大而全，缺乏科学匹配；在人才培养方向上，追求宽泛式就业途径，缺乏就业岗位的指向性。在专业师资方面，专业教师与会展业结合的程度不能满足专业教学的需要，会展专业"双师型"教师资源稀缺，等等。

六、结论与建议

　　现阶段，北京大专院校在会展人才的培养方面最主要和最需要改变的是学校的教学和制度，学校可以在以下几个方面做以调整。

（一）优化培养目标

　　培养目标是改进高校会展专业人才培养现状，提高高校人才供给与会展企业人才需求匹配度的基础，是北京高校会展教育健康发展的关键所在。针对现阶段北京高等院校在会展人才培养方面存在的问题，高等院校的会展教育应当从以下三个方面优化培养目标。

　　首先，根据市场需求，不断优化培养目标。培养目标的制定是根据社会经济的发展和行业人才需求的变化而不断调整的，经济发展需要什么样的人才，学校就要培养什么样的人才，社会需要什么方面技能的人才，学校的培养目标就要把经济发展和行业需求容纳进来，因此，培养目标是不断、及时调整的，这样才能不断地培养出社会真正需要的人才，才能做到供需平衡，人尽其才。

其次，明确培养定位。只有解决人才培养定位，明确人才培养目标，才能有效地进行学科体系搭建、课程设置、教学模式设计、师资配置等工作。各高校应充分发挥自身学科的专业背景优势，结合产业发展，培养某一方面的专业人才。如依托于工商管理专业的，可定位于会展运营管理的核心人才；依托于旅游专业的，可定位于旅游接待的支持性人才；依托于外语专业的，可定位于高级会展翻译或国际展览；依托于艺术设计的，可定位于展示空间设计的辅助性人才等。

最后，要制定能体现人的全面发展的培养目标。我们常说，德才兼备，才是人才，不但要在培养目标中体现出学校对"才"的目标，同时也要包括对"德"的培养，对学生全面素质的提高，这样才能完成高等教育的基本目标。努力构建"宽专业、厚基础、强能力、高素质"的会展人才培养目标，培养具有扎实的基础知识、理论知识，具有较强专业实践能力和创新精神的外向型、复合型、应用型会展管理人才。

（二）优化专业课程设置

注重会展管理专业理论的系统化。教学是一个系统过程，这个系统中的各组成部分都应服从课程设置所要实现的总体培养目标。课程设置是教学计划的核心内容，要认真界定每一门课程在教学计划中的方位，果断删除陈旧、重复的课程内容。目前，会展管理专业属于二级学科或者三级学科，依托在不同的学科背景下，而且大部分遵从宽适性的原则，有些科目之间就出现一定的重复和交叉。比如管理学原理、会展管理学课程内容基本一样，教师讲课内容几乎一样等。因此，要大胆整合课程，使会展专业理论更加系统化。

此次调查结果显示，会展人才中的急需人才主要是策划人员、展示设计人员、市场推广人员、会展销售人员、会展项目管理人员，因此，在会展管理专业课程的设置上，要根据需要设定。以往针对会展专业学院课程体系为：会展概论、会展经济学、会展管理学、会展营销、会展搭建等；相关学科类：管理学、微观经济学、宏观经济学、统计学、会计学、管理信息系统、财务管理、经济法等。在新的需求下，我们不仅设立这些学科，还要培养会展人员的策划能力、展示设计能力、应变能力，这就要求在新的课程体系中加入新的学科，提高会展人员的素质，也可以参考国外，如美国会展院校，不同的院校针对不同的学科设立不同的课程。

（三）优化师资队伍的建设

加强会展专业教师的专业系统培训。会展专业教育起步晚，目前大多数师资是从旅游、英语外贸等专业转过来的，因此，对专业教师的系统培训就具有十分重要的意义。高等院校应当多派遣一些专业教师到国外会展教育发达的国家学习先进的会展理论，以便了解国外会展业最新发展状况、研究成果以及会展教育的课程设置。

一是加强教师与产业间的互动。一方面，专业教师到相关行业担任一定的咨询管理工作，另一方面，聘请相关行业的管理人员来学院任教，促进人才的互动。二是会展教育的专家、教师直接加入会展相关的行业组织。一方面，为行业组织的相关政策、制度和相关的行业活动提供理论上的指导和咨询建议，另一方面，可利用在行业组织的优势为会展教学服务。

加强校际合作、业界与高校合作，以及国内与国外合作。高校应当努力加强多方合作与交流，整合优势资源，从多种途径提高会展专业师资队伍水平。合作包括三个层面：一是高校教师之间的合作，主要是通过教学和教学管理经验的交流，相互促进，共同提高；二是高校和会展业界的合作，旨在提高理论与实践的结合力度；三是国内和国外会展教育的合作，包括互派教师、召开国际学术研讨会等，旨在促进国内与国外会展教育的接轨。

（四）优化实践教学

会展教育过程必须突出实践性，按照"理论一技能一实践"的教学链，形成理论和实践相辅相成的循环模式。综上所述，笔者认为高等院校会展管理专业可从以下几方面入手改进。

1. 科学量化和分配实践教学时间。对实践操作课程及实习的时间分配比例，应当采取用科学的方法进行量化和合理分配，采取短期实习和长期实习相结合的实践方式。一方面，在理论课程的学习当中，考虑到实习对时间和阶段的要求，学生可以采用计时的实习方法（或学分制），鼓励学生充分利用寒暑假、节假日或业余时间，去会展公司及培训机构，以分散打工的形式，参与不同工种的顶岗顶班见习实习；另一方面，在不影响理论基础知识学习的前提下，尽量增加学生长期实践的机会和时间，让学生尽可能多地了解会展行业具体岗位的工作流程。

2. 扩大实习的范围，会展基层岗位实习和管理岗位实习相结合。目前，会展管理专业本科的实习基本停留在某一或某几个基层岗位实习上，让学生简单地学习如何操作，容易让学生产生挫折感和所学知识与实际工作需要脱节感。高等院校应该根据自身条件，尽量将实习分成不同层次，既有基层岗位的实习，也有管理层岗位的实习。

3. 结合院校实际，加强高等院校实践基础设施的建设。可以采取校内实践、校企联合开展实践课程的方式。一方面，高校在校园里建立模拟客房、餐饮设施，邀请会展业界人士为学生做讲座，并让学生参观了解会展活动；另一方面，采取"产教结合、二元一体"的实践性教学模式，该模式是以企业为中心，以素质教育为重点，在企业的生产经营活动中实施教学，实现企业与学校共同制定实践教学计划和任务，即保证了企业稳定、持续的发展和利益，也保障了学生实践课程的质量。

参考文献

［1］刘宇. 浅议会展业发展与高校会展人才培养［J］. 中国校外教育，2009（7）：174-175.

［2］张显春. 对旅游会展专业人才培养及课程体系建设的思考［J］. 桂林旅游高等专科学校学报，2015（8）：93-95.

下　篇

课程建设研究

会展专业的学科基础、
知识体系和能力构成

王起静

摘要： 本文首先介绍 Gets（2007）对会展专业学科基础的研究，主要介绍哲学、宗教学、经济学、管理学、政治学、法学；然后根据相关文献综述，介绍了会展专业的知识体系；最后，提出了会展专业学生应该具备的能力。

一、会展专业的学科基础

（一）哲学

此处关于会展专业学科基础的介绍将主要参考 Gets（2007）在其著作《事件研究：理论、研究和政策》一书中的论述。

哲学家运用推理而非实证研究将生命的意义和人类所有的信仰体系理论化。然而，社会价值观的改变和科学发现会影响哲学的本质和适用范围（表1）。

表 1 会展专业的哲学基础

哲　学	本质和意义：事件体验	参与事件的前期阶段	策划和生成事件	结果和影响	过程和模式
·对体验的本质、生命的意义和信仰体系的批判性思考 ·美学 ·伦理学 ·现象学 ·诠释学	·审美体验 ·塑造个人世界观的体验 ·如何赋予体验道德内涵	·动机来自对生命意义的探索（自我发现） ·动机来自对审美体验的渴望	·价值观和伦理道德是计划和生成事件的基础	·美学评价 ·在个人或社会层面对价值观和伦理道德的影响	·改变价值体系 ·影响事件策划和政策

策划事件的哲学是什么？

哲学思想适用于任何研究对象。那么，策划事件的哲学是什么？它应当包括以下一些问题：

● 所有的策划事件都是好的吗？

● 什么情况下公众支持是合乎情理的？

● 必须以任何可能的方法保证所有事件都符合环保和可持续发展的要求吗？

● 工作人员应承担什么样的社会和环境义务？（考虑伦理道德）

● 艺术事件的价值是什么？什么事件是粗俗的？我们应该如何判断美？（这是美学）

● 从事件体验和事件被赋予的多种多样的意义中，我们能学到什么？（例如通过诠释现象学）

（二）宗教学

宗教研究包括对宗教起源和发展的关注、比较和分析信仰体系以及评价宗教对社会的影响等内容。包括人类学方法在内的多种方法都被应用于详细研究不同宗教的典礼、仪式和庆祝事件，而这与事件研究直接相关（表2）。

表2　会展专业的宗教学基础

宗教研究	本质和意义：事件体验	参与事件的前期阶段	策划和生成事件	结果和影响	过程和模式
·研究宗教，强调人类社会和行为 ·宗教生活和体验	·信徒的宗教体验（宗教仪式、象征和庆祝事件） ·朝圣	·参加或不参加事件的宗教动机 ·动机来自对精神意义的追求，以属于特定的宗教团体	·事件规划结合仪式和象征手法	·对个体的精神影响 ·对宗教的影响 ·对个人信仰体系或宗教信仰的影响	·宗教倾向和宗教势力（如宗教游说团体的影响）

神学家坚持宗教信仰体系，将他们特定的信仰和相关的价值观用于解释和批评人类社会的方方面面。由于许多事件的起源或主题都和宗教有关，或是事件规划中的特定部分包含宗教意义（甚至是和开场祷告、祈福一样常见的事情），神学家对事件研究的发展做出一定贡献。在一些社会中，现代事件更多反映的是灵性甚至神秘主义。许多文化中的节日都和宗教紧密相关。

（三）经济学

《大英百科全书》给"经济学"下的定义是："分析和描述生产、分配和消费财富的社会科学"。经济学研究人们无限需求条件下的稀缺资源，因此必须决定生产什么、如何生产以及对产品和服务的分配（表3）。

表3　会展专业的经济学基础

经济学	本质和意义：事件体验	参与事件的前期阶段	策划和生成事件	结果和影响	过程和模式
• 宏观经济学（政治经济学）：整个经济体系的功能 • 微观经济学：消费者和做生意（公司或其他组织）的经济学	• 消费体验和意义 • 对金钱的感知价值，因为金钱决定事件体验	• 消费或参与的经济动机和壁垒 • 供给因素（如出行成本、替代品）	• 事件的商业模式和经济可行性 • 刺激需求 • 影响事件行业的经济发展政策	• 衡量经济影响和经济外部性 • 评估成本和利益（包括成本分摊和利益分配）	• 经济趋势和经济力量（竞争、全球化）

"宏观经济学"涉及整个经济体系，有时也被称为"政治经济学"。政府对市场进行干预，一定程度上是为了实现社会、文化和环境目标。和事件有关的政策干预，如对事件旅游的投资和对艺术的补贴。"福利经济学"是宏观经济学的一个分支，评估公共政策对人口福利或是社会内特定群体福利的影响。当涉及对事件的公共开支和补贴时，这些问题就会被提出。

"微观经济学"研究个人及其消费行为、特定的商业决策、如何在特定市场中实现供求平衡。在古典经济学中，"供求法则"主导这些过程。策划事件包括以下重要的微观经济问题：

● 什么决定事件的价格和生成事件的资源价格？

● 市场如何将事件的买方和卖方联系在一起？（这在事件申办中非常重要）

● 如何评估事件的经济可行性？

● 不同事件组织在运营上有什么区别？（即政府组织、非营利组织和营利组织）

（四）管理学

管理学的研究领域非常宽泛，与社会学、哲学和经济学密切相关。事件管理包括四个领域的管理——营利组织、非营利组织、政府和目的地管理（表4）。

表4　会展专业的管理学基础

管理学	本质和意义：事件体验	参与事件的前期阶段	策划和生成事件	结果和影响	过程和模式
• 营利组织、非营利组织、政府和目的地管理 • 公司理论 • 制度理论 • 管理职能	• 消费主义（将事件看作娱乐产品） • 事件的商品化	• 营销效果 • 形象和品牌化	• 项目和战略规划 • 管理的效果和效率	• 对利益相关者的影响	• 管理理论和实践的发展 • 影响企业和企业家精神（如企业发展政策）的因素的变化 • 竞争环境的变化

许多营利公司为事件生产或提供产品。然而，事件应该被视为一种以营利为目标的商业活动。举办事件所获得的利润（为个人赚钱）或用于再投资的"剩余收入"能够支持组织的发展、提升事件的品质。如果按照商业提案的模式运行事件，则意味着所有者/生产者必须遵守管理原则，关注事件的长期可行性。

（五）政治学

政治学是关于政治、政治体系和政治行为的理论与实践。政治学家研究政府及其政务流程、公共机构、权力及政策制定、政治、政府间关系及国际关系。"政治哲学"则更关注价值观和政治理念，如马克思主义和资本主义的区别，或是权利和正义的意义（表5）。

表5　会展专业的政治学基础

政治学	本质和意义：事件体验	参与事件的前期阶段	策划和生成事件	结果和影响	过程和模式
• 研究政府、公共政策和潜在行为	• 事件可能有政治意义 • 参加事件可能表明某种政治立场	• 参加或不参加事件的政治动机	• 为表明政治立场创办事件（如抗议、对党的忠诚、民族主义） • 政府政策和项目	• 对政治、政府、政治党派和法律的影响	• 政治和政策如何影响事件的发展和参与

（六）法学

所有的事件策划者都必须遵守法律、达到监管机构的要求、安排警察负责安全工作、征求律师对合同的建议、进行风险评估。他们还必须解决很多其他技术性问题。事件策划组织必须依法注册股份有限公司，按时缴税和提交审计结果（表6）。

表6 会展专业的法学基础

法 学	本质和意义：事件体验	参与事件的先例	策划和生成事件	结果和影响	过程和模式
·法律体系，包括立法者、法院和警察 ·特定的法律法规	·事件是一种物权契约、默认契约 ·社会、法律的差异影响事件体验	·人们对可能的法律后果的感知会影响其旅行或参加事件的决策	·与举办事件相关的法律法规 ·对事件管理的法律思考	·对正义的诠释 ·处理事件中的损失和伤害的法律资源	·改善法律法规的责任

人们决定参加事件时会考虑法律责任和风险吗？事件受法律环境的约束，这会影响人们的体验或是事件被赋予的意义吗？比如，参加游行往往意味着争执，甚至公民抵抗是不可避免的。参加聚会并做出某些行为（吸毒、酗酒、性交）绝对会使参加者和其他人处于非常危险的境地。即使是参加最普通的音乐会、会议或展览，在紧急情况下也可能产生某种程度的危险、对个体行为的法律约束、道德义务（如果不是法律义务）。顾客、消费者和参与者对这些问题的感受如何？这些问题都可以从法学寻找到学科基础。

（七）总结

上面六大知识学科基础是会展专业最重要的学科基础，从此可以看出，会展是多学科交叉的专业，任何一门独立的学科都不能完整地为会展专业提供全部的基础理论。除了以上六大学科外，还有很多学科也可以成为会展专业的学科基础，如社会学、人类学、心理学、社会心理学、环境心理学、历史学、人类地理学等。

二、会展专业的知识体系

理论界普遍认可"一种职业应该具有共同的知识体系"的观点。在英国，商务旅游论坛和商务旅游咨询委员会发现，会议和事件产业要求提供谈判技巧、顾客管理技能、会展场馆的知识。另外，该产业要求从业人员能够全面了解顾客需求、能够提供问题解决方案、改进计划。这种提法只考虑了商务旅游所要求的知识结构，没有在更广泛的范围内研究所需的知识图谱。Perry et al.（1996）通过对参加澳大利亚事件会议的管理人员的研究发现，要成为高效管理者需要19个领域的知识，被调查者对其中的10个领域非常赞成：项目管理、预算、时间管理、媒体、商业计划、人力资源管理、营销、危机管理、获取赞助和网络。通过因素分析，Perry et al. 建议 5 个知识领域是经营管理者必须要掌握的：法律/财务、管理、公共关系/营销、经济学/分析、道德的/文脉的。Getz and Wicks（1994）确定了在事件管理课程中应该包括的领域。除了一般的管理技能之外，以下是具体管理技能：节庆的历史和含义、庆典、宗教仪式和其他事件、事件历史进展、供需趋势、动机和收益、事件的作用和影响、经济、环境和文化、项目概念和形式、策划事件的主体和原因、事件布置、事件运营、事件管理、事件营销。但迄今为止，还没有关于会展专业知识体系最权威的结论。下面从会展研究知识体系和会展管理知识体系两个方面对会展知识体系做简单论证。

（一）会展研究知识体系

Getz（2008）经过文献梳理认为，事件的主要研究内容包括五个方面：体验和意义、事前行为和决策、事件策划和管理、模式和过程、影响研究（图 1）。这一研究结论目前已成为会展研究中的经典框架。

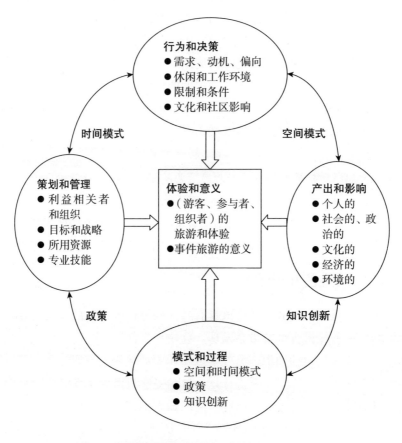

图 1　事件旅游的知识体系和框架（Getz，2008）

（二）会展管理知识体系

Robson（2008）研究了会展管理知识体系（EMBOK）对未来会展产业研究的启示，见图2。EMBOK模型的目的是"创造一个在事件管理中所使用的知识和过程的框架以满足不同文化、政府、教育项目和组织的需要"。

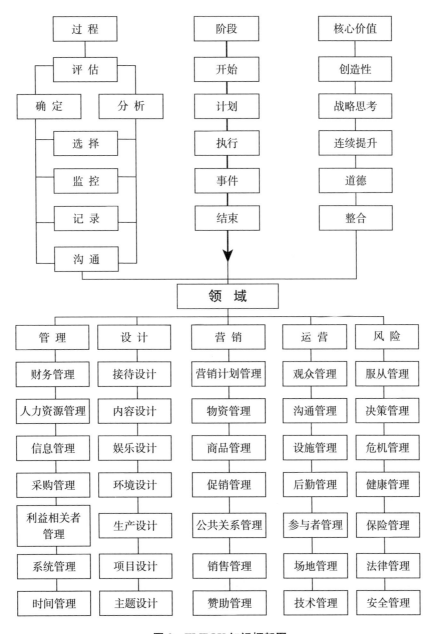

图 2　EMBOK 知识框架图

三、会展专业学生的能力构成

此处只分析会展经济与管理专业学生的能力构成。能力结构，指一个人所具备的能力类型及各类能力的有机组合。从不同角度或不同层面，可以划分不同的能力类型，每个人所具备的能力结构是不同的。能力不是某种单一的特性，而是具有复杂结构的多种心理特征的总和。探讨能力的结构、分析能力的构成因素都是非常必要的。能力的类型多种多样，至少包括记忆能力、理解能力、分析能力、综合能力、口头表达能力、文字表达能力、机械工作能力、环境适应能力、反应能力与应变能力、人际关系能力、组织管理能力、想象能力、创新能力、判断能力等。关于能力构成有多种理论，如二因素说、群因素说、三位结构模型、层次结构理论、三元智力理论、多元智力理论等。本文采用二因素说对会展专业学生能力构成做解释。

21世纪初，英国心理学家和统计学家斯皮尔曼提出了能力的二因素说。这个学说认为，能力是由两种因素构成的，一个是一般因素，称为G因素；一个是特殊因素，称为S因素。G因素是每一种活动都需要的，是人人都有的，但每个人的G的量值有所不同；所谓一个人"聪明"或"愚笨"，正是由G的量的大小决定的。由此，斯皮尔曼认为，一般因素G在智力结构中是第一位的和重要的因素。

特殊因素S因人而异，即使是同一个人，也有不同种类的S，它们与各种特殊能力如言语能力、空间认知能力等相对应，每一个具体的S只参加一个特定的能力活动。完成任何一种活动，都需要由一般能力因素G和某种特殊的能力因素S共同承担。比如，言语能力由G和S构成，空间认知能力由G和S构成。斯皮尔曼用一般因素G来解释不同测验间的相关。他指出，不同测验测的总是一般因素G和某种特殊因素S，既然各测验都含有G因素，那么它们就必然有一定相关。本文采用此理论分析从事会展工作需要会展专业人才在S层面具备哪些特殊的能力。

（一）基本能力

基本能力主要是指那些作为会展从业人员必须具备的能力。

1. 沟通能力

会展工作的很大一部分是与他人沟通的工作，包括与同事之间的内部沟通，也包括与客户、供应商的外部沟通，因此，需要会展从业人员具有较强的沟通能力。一般说来，沟通能力指沟通者所具备的能胜任沟通工作的条件。简言之，人际沟通的能力指一个人与他人有效地进行沟通信息的能力，包括外在技巧和内在动因。其中，恰如其分和沟通效益是人们判断沟通能力的基本尺度。恰如其分，指沟通行为符合沟通情境和彼此相互关系的标准或期望；沟通效益，则指沟通活动在功能上达到了预期的目的，或者满足了沟通者的需要。

2. 团队协作能力

一般来说，会展工作是一个团队成员共同完成的，这就需要团队中的每个成员都有团队协作能力。所谓团队协作能力，是指建立在团队的基础之上，发挥团队精神、互补互助以达到团队最大工作效率的能力。对于团队的成员来说，不仅要有个人能力，更需要有在不同的位置上各尽所能、与其他成员协调合作的能力。

3. 创新能力

创新能力是技术和各种实践活动领域中不断提供具有经济价值、社会价值、生态价值的新思想、新理论、新方法和新发明的能力，是经济竞争的核心。当今社会的竞争，与其说是人才的竞争，不如说是人的创造力的竞争。会展工作中处处都可以体现对创新能力的要求，比如会展产品的策划、会展产品的管理等。

4. 解决问题的能力

应该说，每个工作人员在项目中都有各自的职责分工，在工作过程中就会出现各种各样的问题，每个会展从业人员都应该具备分析问题和解决问题的能力。

（二）发展能力

1. 学习能力

会展专业人才既要是专才，也要是通才，而且还能随着时代的变化、社会的发展不断学习和补充新的知识和技能，因此，学习能力是会展专业人员重要的发展能力。学习能力就是学习的方法与技巧（并非是学到什么东西），有了这样的方法与技巧，学习到知识后，就形成专业知识；学习到如何执行的方法与技巧，就形成执行能力。学习能力是所有能力的基础。评价学习能力的指标一般有六个：学习专注力、学习成就感、自信心、思维灵活度、独立性和反思力。

2. 谈判能力

会展从业人员在工作过程需要与客户、供应商进行大量的谈判，这就需要会展人才要具备较强的谈判能力。谈判能力是指谈判人员所具备的更好完成谈判工作的特殊能力，包括思维能力、观察能力、反映能力和表达能力。谈判能力可以分为一般能力和特殊能力，一般能力又称智力，是指多种活动所必需的能力，记忆能力、观察能力、想象能力、思维能力等都属一般能力，通常用智力商数来测量。特殊能力是指在专业活动中所需的能力，如数学能力、专业鉴赏能力、谈判沟通能力、组织管理能力等。

3. 人际交往能力

人际交往能力是指妥善处理组织内外关系的能力。包括与周围环境建立广泛联系和对外界信息的吸收、转化能力，以及正确处理上下左右关系的能力。人际交往能力包括：人际感受能力、人事记忆力、人际理解力、人际想象力、风度和表达力、合作能力和协调能力。

4. 项目管理能力

会展活动是典型的项目，需要从业人员具备项目管理的能力。项目管理总体有五个过程：启动、计划、实施、执行、收尾；包含九大知识领域：整体管理、范围管理、时间管理、成本管理、质量管理、风险管理、人力资源管理、沟通管理、采购管理。

参考文献

［1］ Getz，D. Event Studies：Theory，research and policy for planned events ［M］. Oxford：Butterworth-Heinema，2007.

［2］ Getz，D. Event tourism：definition，evolution，and research ［J］. Tourism Management，2008（29）：403-428.

［3］ Robson，L. M. Event management body of knowledge（EMBOK）：the future of event industry research ［J］. Event management，2008（12）：19-25.

［4］ Getz，D.，& Wicks，B. Professionalism and certification for festival and event practitioners：Trends and issues ［J］. Festival Management & Event Tourism，1994，2（2）：103-109.

［5］ Perry，M.，Foley，P.，& Rumpf，P. Events management：An emerging challenge in Australian higher education ［J］. Festival Management & Event Tourism，1996，4（3/4）：85-94.

"跨界与融合" 思维
在会展教学中的应用与创新
——以"展览展示设计"课程为例

王馨欣

摘要： 本文首先从会展及设计产业实践，以及高等教育发展角度，指出跨界和融合是产业和教育发展的大势所趋，然后基于"展览展示设计"的实践教学，指出在传统经典课程结构基础上，应该结合产业与时代发展需求，将服务设计、设计管理、互联网与移动互联网设计，以及虚拟现实技术等紧密结合产业发展的内容融入课程中。主业求生存、跨界求发展，是当下会展学子应该秉持的发展理念。

关键词： 跨界　融合　会展教学　展示设计

一、会展产业发展的跨界与融合

会展业作为经济发展的风向标和晴雨表，不仅是一个横跨了多个产业和领域的综合性传播平台，而且其自身发展也在呈现着跨界与融合趋势，具体体现为：一方面，展会自身在不断谋求跨界创新，早在 2012 年，东方早报就曾举办首届上海车房联展（房展和汽车销售展的创新结合），联展共集合 18 家车企和 6 家房企，共 24 家主流品牌，不仅为车企和房企搭建了集展示、推广、销售为一体的平台，更是打破传统车展、房展的固有模式[1]；2014 年，在福州海峡国际会展中心举办的首届时尚婚博会，也是首次将婚博会、家建展、住交会三展合并，共享资源，集结婚、买房、设计、装修、家居为一体，为结婚新人提供"一站式"服务[2]。另一方面，会展企业也开始探索跨界发展，其代表性事件有，2015 年携程商旅与中国南方航空公司，以及京东商旅与会唐网，分别签署战略合作协议，双方在资源合作、产品共享等方面展开深度合作，联手拓展企业客户领域，提高企业客户的服务质量。由此可见，无论是产业自身还是企业运作，都在不断

注：本文是北京第二外国语学院会展与高端服务业研究基地研究成果。

适应经济社会的跨界发展而进行融合创新。

二、学科教育发展的跨界与融合

西方学科研究体系自文艺复兴以来长期秉持线性思维模式，分类法指引下的教育模式以培养专家著称。进入 20 世纪后"大学毕业生应拥有广博的知识"这一观点逐渐被美国大学所接受，从 1919 年哥伦比亚大学开设"当代文明"通识教育课程开始，美国的通识教育模式逐渐成形，尤其是进入 21 世纪后，更是意识到学科间的界限灰飞烟灭，社会需要的不再是那些掌握清晰领域的专家，而是跨学科的整合多面手[3]。

同样，我国高等教育近一百年发展也经历了"广才教育—专才教育—通才教育"的转变。早在 20 世纪二三十年代，当时国民政府为迎合中国经济现代化的发展趋势，通过大学专业和学科调整，培养了大批满足社会和经济需求的专业人才，特别是蔡元培先生提出的"思想自由、兼容并包"的办学原则，针对大学学科设置提出"沟通文理、废科设系、和为一科"的发展理念，这种广才式教育理念对于中国高等教育的发展起到重要推动作用。新中国成立以后，中共中央于 1952 年 6 月～9 月在全国范围内进行了高等学校的院系调整工作，建立起大量直接为国民经济服务的单科型工科院校，明确了综合大学和专门学院的性质和任务，进一步实现了专业化细分。到了 20 世纪 90 年代，为适应新时代经济发展需要，开始一场涉及范围广泛、影响深远的高校合并风潮，创造出包括浙江大学、华中科技大学等院校在内的教育界巨型航母，同时高校教育指导思想也开始走向"通才教育"发展路径，"通才教育"的核心理念即是不同学科间的跨界与融合。

不仅如此，我国高等教育新兴学科的建设也是在不断适应社会经济发展需要的基础上创建而成，诸如艺术与科技、电子商务、数字媒体技术、网络与新媒体、数字出版。其中，会展经济与管理专业也属于该行列之内，而且先后划分到了公共管理、服务业管理、工商管理，以及旅游管理学科中，从其所划分一级学科的演变即可看出，会展经济与管理作为一门交叉学科的复杂性与创新性，而且从全国数十所会展院校所开设的课程也能够看出其专业的内涵与外延也在不断扩大，会展广告学、会展传播学、会展文艺、会展心理学、会展美学、休闲业管理、文化创意产业导论、整合营销传播等横跨诸多学科门类，既反映出社会的快速变化与发展，也为会展教育提出了更为严格与苛刻的标准与要求。

三、"跨界与融合"思维在展览展示设计中的应用

本文以展览展示设计课程为例，详细探讨针对会展产业的快速发展，如何在

口常教学中将"跨界与融合"思维应用于课堂教学中。

1．"一专多才"式的杂家素养的建立

笔者一直秉持会展人才应该培育"一专多才"杂家式素养的理念，因为会展产业自身作为一个系统完整的传播平台，它面对的是来自三百六十行、差别迥异的各个行业领域，任何一项专业性行业展会的成功举办都需要组织者对该行业有深度且细致的认知与了解。一场专业性展会的组织与举办者需要具有运筹帷幄的统筹力和事无巨细的执行力，就像是一部电影的导演，要熟识并掌握从编剧、演员、原创音乐、摄影、剪辑，到艺术指导、美术设计、布景、服装设计、视觉特效等各个环节的操作与执行。同理，展会举办者也要了解并掌握从项目审批、广告促销、媒体公关、场地装潢，到设备使用、公用服务、餐饮供给、人员分配等所有环节的组织与实施，因此，掌握展览展示设计的艺术学知识和素养也是会展人才诸多技能中的一部分，这个知识传授过程就是从管理学到艺术学的跨界。

2．设计产业及设计人才的跨界发展

从大的设计产业角度而言，其发展演变就是不断地跨界与融合。以设计事务所为例，从英国工艺美术运动奠基人的威廉·莫里斯1864年建立的私人设计事务所，到1907年德国现代设计奠基人彼特·贝伦斯所成立的现代意义上最早的独立设计所，其业务领域的发展演变经历了从"庞大"到"细分"、再到"整合"的过程。第一阶段，早期设计公司业务范围非常广泛，一间设计公司包括的业务范围从包装到火车头、从企业形象到航天器、从汽车到协和飞机无所不及。到了20世纪八九十年代的第二阶段，这时企业对设计提出更专业化的要求，设计公司所涉及的业务领域被不断地细致划分，形成了针对各个不同领域和范畴的专业型设计公司。到了第三阶段，设计公司日趋综合化，已经成为全面化的服务设计咨询公司，从产品开发到包装设计，从技术研究到市场调查，其业务领域已从单纯的设计业务走向提供一揽子服务的设计。

从设计涉及的领域来看，20世纪70年代以前，设计公司被用来提供产品、包装、建筑外形的设计，主要是以简单的外表造型为中心的样式设计，到20世纪80年代，发生了戏剧性的变化，企业除了要求设计公司进行产品和包装等外形设计之外，还要求他们为其解决工程技术问题，即一个设计产品的设计必须同时考虑其技术特征、技术应用方式、结构材料等，这就为设计人才标准提出了跨学科的要求；进入20世纪90年代以后，企业的要求也更进一步，除了要求设计公司为他们解决造型设计和工程技术问题，更要提供更加全面的市场研究、顾客研究、设计效果追踪、人体工程学研究等，设计公司要提供一整套的完备设计配套服务，从使用者调查、工业设计、工程设计、模型制作和原形生产、人体工程学研究、电脑软件设计，一直到产品的包装和促销等内容。[4]

3. 展览展示设计课程教学中产学研的融合创新

综上所述，可见一个显而易见的共识是，即会展产业发展要远远快过教育教学，虽然高等教育的核心在于人才培养，而非仅仅是知识传授，但若想培育出来的学生能够与时俱进、开拓创新，则必须站在更高、更远的层面，通过课堂讲授与理念传达，为学生建构一套顺应时代发展的知识体系。以展览展示设计课程为例，我国最早的展览设计课程是由吴劳先生为 1956 年中央美术学院成立的展览设计专修班所开设的专业课程，培育了新中国第一批专业的展览设计人才，并撰写了我国第一部《展览艺术设计》专著，由人民美术出版社于 1958 年 10 月出版[5]；随后，1959 年，原中央工艺美术学院（现清华大学美术学院）成立新的装饰工艺系时，已经将展览艺术设计课程（51 学分）列为专业课程之一，并一直延续至 20 世纪 80 年代；到 1991 年，原中央工艺美术学院的工业设计系才重新设立展示设计专业，开始招收两年制专科生，并于 1996 年正式成立展示设计专业，于次年招收了第一届本科生[6]。随后，2004 年，教育部又根据会展产业发展需要，设置了"会展经济与管理"和"会展艺术与技术"两个专业，分属管理学和艺术学两大学科，至此中国会展专业建设基本成型，而且展览展示设计课程的基本架构也已成熟。

经典展览展示设计的主要课程框架分为：展览展示设计概述、展览展示设计策划、展览展示的总体设计、展览展示的平面设计、展览展示的空间设计、展览展示的道具与陈设设计、展览展示的照明设计、展览展示的工程搭建、展览展示的新媒体设计等九大板块，具体内容为：

（1）展览展示设计的概念与设计发展史略：①掌握展览展示设计的基本概念；②理解展览展示设计的主要分类；③展览展示设计的发展史略。

（2）展览展示设计的策划：①展览主题的确定与表现；②展览展示的新闻与传播；③展览设计的实施。

（3）展览展示的总体设计：①设计师的要求；②总体设计的目的与内容；③展览展示设计的过程与表达。

（4）展览展示的平面设计与应用 ：①展览展示的平面设计特点；②展览展示的平面设计内容；③展览展示的平面设计应用。

（5）展览展示的空间设计与运用：①展览中场地空间的特征与分类；②展览展示设计的空间设计原则；③展览展示设计的空间设计运用。

（6）展览展示的道具与陈列设计：①展览展示设计的人机工程学；②展览展示设计的道具设计与应用；③展览展示设计的陈列设计与应用。

（7）展览展示的照明设计与应用：①展览空间的照明方式；②展览照明设计的程序；③展览照明设计的应用。

（8）展览展示的色彩设计与应用：①展览展示的设计色彩设计原则；②展览展示的色彩设计程序与方法；③展览展示的色彩设计应用。

（9）展览展示的工程管理与搭建：①展览展示的系统设计；②展览展示的设计管理；③展览展示的工程搭建。

（10）展览展示的新媒体设计：①展览展示设计的新技术和新媒介；②展览展示设计的声、光、电的运用。

笔者自 2007 年开始为北京第二外国语学院会展经济与管理系本科生讲授展览展示设计课程，迄今为止已有 9 年，在此期间根据会展产业发展，以及管理学本科教学需求，先后进行了三次规模较大的课程结构调整与创新。

其一，将服务设计理念引入展览展示设计课程中。这样做的原因一方面是，原课程设置主要针对设计艺术学专业的学生，对于没有任何艺术基础设计经验的会展经济与管理专业学生而言，内容太过深奥和琐碎；另一方面，笔者工作后不久，开始接触并了解服务设计理论，了解到此类课程在西方主要开设于商学院和管理学院中，与会展管理专业具有高度的匹配性。于是，在 2010 年的第一次课程结构调整中，将展览展示设计课程划分为：展览展示设计概述、展览展示设计方法、展览展示表现手段、展览展示设计与应用、展览展示设计与管理、展览展示的新媒体设计等六大模块，增加了更适合管理学专业的设计基础方法、设计思维、设计创新、设计管理、设计应用等内容，并将服务设计的概念、理论、方法、程序等引入教学课程中。

其二，将互联与移动互联网设计引入展览展示设计课程中。2012 年前后的第二次课程调整中，笔者新增加了"展览展示的设计与传播"章节，主要讲述会展网站的设计与建构，以及会展移动互联网 APP 的设计与建构两部分。主要原因在于此阶段网络虚拟展会在会展行业中受到热议与追捧，特别是 2008 年北京奥运会和 2010 年上海世博会的潮流趋势下，相当多的实体展会开始通过网站进行虚拟展会营销，但在实际运作中也暴露出诸多问题。此阶段，笔者已开始从事网站 UI 设计和移动互联网 APP 设计，不仅设计并上线多项交互式网站，而且还设计并开发了基于 IOS 系统的"艺术品市场与文化旅游"IPAD 客户端、中国大百科全书出版社的"认识中国——儿童趣味地图"Iphone 客户端、石家庄美术馆的 Ibeacon 室内精准定位展览导览 APP 等，通过对相关设计实践应用要求与未来趋势的掌握，通过课程内容传授给学生。据后续毕业的学生反馈，此课程讲述的内容给他们很大的启发，不少学生毕业后进入会展公司开始从事基于互联网和移动互联网的新媒体营销。可见课改成效显著。

其三，将虚拟现实技术应用引入展览展示设计课程中。因为笔者的兴趣使然，对于各类新媒体技术的创新与应用非常关注，特别是近两年敏感地意识到虚拟现实技术在未来极为广阔的发展前景，便将课程中"展览展示的新媒体设计"板块扩展成为两节课内容，一方面介绍常规性新媒体技术在展会中的应用与创新，另一方面，邀请业界专家来为会展专业本科生讲授有关"虚拟现实技术在展览展示中的应用与创新"，邀请包括原晶石数字科技销售总监、现讯狐国际科技有限公司总经理吴峰先生，原欧智科技创始人、现北京优斯达网络技术有限公司创始人赖静芳女士等专业人士讲授虚拟现实 VR、增强现实 AR，以及混合现实 MR 的展示应用创新和未来发展趋势，受到了学生的极大关注与好评。

四、结语

正如笔者特别欣赏的一句话"主业求生存，跨界求发展"，欧美相关专业学习已经充分体现出跨界与融合思维的重要性。在美国大学中，如果本科所学是设计艺术学专业，那么研究生常常会选择攻读计算机专业或软件专业研究生，这样界面 UI 设计和软件编程便都掌握了；同理，如果本科所学是计算机专业或软件专业，那么研究生便会选择设计艺术学专业。因此，作为会展经济与管理专业的学生必须在自身会展主业基础上，去积极拓展其他各类学科和专业的学识与技能，才能够学有所长，在未来快速发展的会展行业发展中拔得头筹。

参考文献

[1] 徐晓林. 上海首届车房联展今起开幕 [N]. 东方早报，2012-12-21.

[2] 陈聪文. 首届时尚婚博会三展合一　参展阵容强大 [N]. 福州日报，2014-10-08.

[3] 维克多·帕帕奈克. 为真实的世界设计 [M]. 北京：中信出版社，2013（359）.

[4] 王受之. 世界现代设计史 [M]. 北京：中国青年出版社，2002（190）.

[5] 吴劳. 后记：展览艺术设计 [M]. 北京：人民美术出版社，1958.

[6] 王鹤. 展示艺术教育 [M]. 北京：人民出版社，2008（33）.

国内外会展专业实习模式比较研究

王起静

摘要： 会展专业是一门实践性很强的专业，专业实习在会展专业教学中非常重要。专业实习是会展专业教育过程中的一个重要环节，是检验实践教学的手段，更是检验会展专业培养的学生能否适应社会需要的关键，实习效果关系到人才培养目标能否实现。本文介绍了美国和德国会展专业实习制度，并对北京第二外国语学院和浙江大学城市学院的会展专业实习模式进行了研究。

一、问题的提出

会展专业是一门实践性很强的专业，专业实习在会展专业教学中非常重要。专业实习是会展专业教育过程中的一个重要环节，是检验实践教学的手段，更是检验会展专业培养的学生能否适应社会需求的关键，实习效果关系到人才培养目标能否实现。科学合理的实习制度可以使学生将在校学习的知识充分的与实践相结合，为其今后的职业生涯打下良好的基础。

然而，会展经济与管理专业学生"如何实习"一直是教师教学、培养学生过程中的难题，这主要有以下几个方面的原因：第一，会展项目的复杂性决定了对会展实习生要求较高。会展项目是各种会议、展览、节庆、体育赛事等活动的统称，需要会展从业人员（包括实习生）具备复合型人才的知识体系和能力，对实习生要求较高。会展产品的项目制特点决定了每个会展项目之间有很大的区别，学生要想了解行业的概括和全貌，需要参加不同类型会展项目的实习工作；第二，会展企业对人力资源需求的时间不确定性。会展企业一般会在有限集中的时间里需要大量的人力资源，而且需求时间不确定，会展项目举办时间的不确定性与教学课程的连续性产生了矛盾；第三，会展企业人力资源长短期需求不均衡性与实习收益存在矛盾。通常情况下，会展行业内企业规模一般比较小，长期雇用的固定员工较少，而在会展举办期间通过招收志愿者、实习生等方式解决人力资源需求问题。因此，会展专业学生一般会在会展项目举办期间参加短期（几天）的集中实习。但会展项目的前期准备工作需要几个月、一年甚至几年的时间，如果想对会展项目运作流程有直观、实际的了解，需要学生长期跟踪项目运作，这也使学生很难通过短期的两三个月的实习来获得巨大收获。这些都说明会展经济与管理专业实习制度设计非常复杂和困难。

在这一现实情况下，本报告根据会展专业是交叉专业的特点，研究如何设计会展专业实习制度、如何使实习过程更为规范、科学，更好地实现实习目标，对会展专业建设都具有重要意义。

二、国外会展专业实习模式

1. 美国会展专业实习模式

目前在美国开设会展专业或课程的主要院校有乔治·华盛顿大学、内华达大学、休斯敦大学、俄克拉荷马州州立东北大学等 75 所高校，其中，以内华达大学和乔治·华盛顿为主要代表。

内华达大学临近拉斯维加斯，而拉斯维加斯是美国最著名的会展城市。有统计数字显示，美国三分之一的会展活动都是在拉斯维加斯举办的，这使会展专业学生实习具备天然优势。很多学生白天在学校上课，晚上就可以到拉斯维加斯的赌场、饭店实习。据内华达大学会展管理专业负责人介绍[1]，拉斯维加斯会展业内的管理者有一半以上的人员都具有在内华达大学学习、进修的经历。另一方面，内华达大学会展专业的课程有很大一部分都是由业内管理者授课，这一比例远远高于中国，甚至也高于美国其他院校。

乔治·华盛顿大学会展专业在美国也具有重要地位，但从实际的调查来看[2]，该校会展专业并不是特别强调实习制度，对学生实习也没有特别明确的要求。但在学生上课过程中，就已经把实习过程很好地融入其中，主要表现在：第一，业界专家走入课堂非常频繁。通常在一门课程（15 周左右），会有 8～10 名专家走入课堂。乔治·华盛顿大学与业界联系非常密切，业内专家也非常愿意进入课堂与学生交流。在这样的氛围下，业内专家进课堂基本不需要支付任何费用，也使得教师更容易、更方便的邀请到专家；第二，专业课学习过程中，学生能有大量机会参观会展企业或参加会展活动，如参观会展场馆或观看 NBA 比赛等；第三，会展专业学生承接校内活动。乔治·华盛顿大学有大量的学术交流活动、庆祝活动、体育活动等，学校尽可能安排会展专业学生来组织、管理这些活

---

① 笔者曾于 2007 年 3 月访问内华达大学会展管理系，并与该系负责人座谈。

② 笔者曾于 2008.9—2009.5 月期间在美国乔治·华盛顿旅游酒店系访学，主攻会展专业方向。

动；第四，课堂作业通常为访谈、调研或小组策划。国外学校都非常重视学生自主学习，会给学生安排很多课下作业。会展专业的课下作业通常是访谈一个业内人士，或者策划一个会展活动由业内专家评判等；第五，乔治·华盛顿大学非常注重与校友的联系。校友之间的交流和友谊建立对于在校学生的实习和职业发展具有重要作用。可见，乔治·华盛顿大学会展专业很好地把实习融入到了日常的学习中。

2. 德国会展专业实习模式

德国主要有两所院校开办会展教育，一是瑞文斯堡合作教育大学，另一个是科隆大学（经济学院设有会展经济方向硕士课程），两所学校错位发展、相得益彰，前者偏重实践操作，后者偏重理论研究。以瑞文斯堡合作教育大学为例，该校于1986年就正式成立会展管理系，并与众多会展公司建立了广泛的联系和合作关系，对整个德国甚至世界展览业的发展都起到了很大的推动作用，因而在全球会展界具有较高的知名度。德国会展教育基本上属于定向培养，采取的是与组展商合作的人才培养模式，即学生大都来自各个会展公司，经过学习和培训后再回到原公司工作。这些学生平时可以从会展公司获得工资，有的在学习或培训的同时仍旧参与公司的部分工作；另外，教师在教学过程中十分注重从学生中吸收经典案例和操作经验，收集业界的最新动态，并进行分析、提炼后反馈给学生。在这种教、学有机互动的环境下，教学和学习都有更明确的目标。德国的会展教育十分注重实践性环节的作用。一般而言，会展专业的学生在学校学习三年，其中，一年半学习理论知识，一年半参加实践活动；每学期通常只上三个月课，另外三个月则是实习，学生反复从理论到实践，再从实践到理论，不断提高自身的理论素质和动手能力。而且，为了巩固学生所学的理论知识，每次实习活动都有特定的主题，这些主题往往与刚刚结束的若干课程相关。

三、我国会展专业实习模式

本部分主要介绍北京第二外国语学院、浙江大学城市学院两所有代表性院校的实习安排，这是因为这两院校会展专业建设时间较长，在国内会展专业教学和科研方面处于领先地位，这些院校在教学、科研方面的经验已成为其他院校学习和效仿的对象。严格来说，目前各会展院系还没有建立科学的实习制度，各院校对于会展院系学生实习的管理相对松散。

1. 北京第二外国语学院会展专业实习模式

北京第二外国语学院是国内第一个设立会展专业方向的院校（2002年），也是第一个设立会展管理系的院校（2003年）。会展专业是二外的特色专业之一，同时也是二外第一批校级教学团队之一。在学校各级领导以及社会各界会展同仁的关心和支持下，经过会展管理系教师近年来的辛勤努力，会展专业从无到有，从小到大，在课程建设、师资队伍建设、教材建设、学术建设、学生实习和就业、国际交流与合作、社会影响等方面都取得了重大突破。会展专业从设立之日起就确立了二外会展的战略目标建成国内最强且世界一流的会展人才培养高地、国内最强且世界一流的会展科研基地、城市会展发展规划和会展企业发展战略的重要咨询机构、会展职业经理人的培训基地：

二外会展专业培养方案的"社会实践和专业实习"部分有如下说明：在校期间，学生必须参加社会实践和专业实习，包括会展行业调查研究、会展企业业务实习和管理实验室教学活动等。鉴于会展行业运行特点，经学校批准，学生实习时间可以从第五学期开始灵活选择。学生参加社会实践或专业实习，必须提交个人总结和调研报告。社会实践或专业实习允许利用假期进行。本专业学生实习基地主要包括国内外会展企业、政府及机构性组织、行业协会组织。可见，二外会展专业实习并没有明确规定实习的时间、实习具体内容、实习的具体安排等。从调查来看，一般来说，二外会展学生只要提供 10 天的在会展企业实习的证明，即算做是完成实习任务。从目前来看，二外对会展专业实习时间要求相对较低，也没有监控实习质量。

二外会展专业学生依托北京是全国会展中心的地缘优势，具有非常多的实习机会。实习机会主要通过专业教师与业界建立广泛联系获得。实习的方式分为两种：一种是在会展项目现场做短期 3～5 天的实习，一般会在上课期间或假期进行；另一种是在项目运作前期就进入会展项目组实习，一般会在大三结束后的暑期进行。

目前，国内大部分会展院校的实习安排和要求都类似二外，主要通过校企合作的方式安排学生实习。

2. 浙江大学城市学院会展专业实习模式

浙江大学城市学院的会展专业在专业实习方面是比较有特色的。该专业与杭州西湖国际博览会以及杭州市会展业界紧密合作，积极拓展校外教学实践实习基地，相继与西博会组委会、义乌小商品博览会、宁波国际会展中心、杭州市国际展览中心、杭州和平会展中心、佳德展览集团等 40 多个各类会展公司、公关公司、广告公司、会展企业、政府部门、会展场馆等合作，建立了校内外实习基地。

除了传统的与企业合作建立校外实习基地外，该校会展专业实习最大的特色就是由城市学院成立的会展公司，负责承接各种会展活动，实现商业化运作，这就使该专业学生有大量的实习机会，而且这种校办企业能够使学校在实习时间安排上更具灵活性，也使学生能够更全面、更系统地接触整个会展管理的各个环节。商业化运作模式对于培养学生的市场意识具有重要意义。

目前采取这种模式的院校还非常少，是值得推广的一种模式，但可能会受到学校的制度性限制。

朋辈导师视角下的"自案例"型
实践教学模式的研究
——来自临床解剖学的启示与探索

北京第二外国语学院　陈　刚

摘要： 我国会展业的强劲兴起带动了高校会展专业的蓬勃发展，而会展专业实践性强的特点决定了仅靠课堂知识的输入，学生是不能成为出色的会展人才的，因此，会展课堂上的实践教学，以及在校企合作式实习，已经成为高校会展专业发展的必由之路。但实际的教学中发现，目前的实践教学都存在着这样那样的问题，促使我们不得不探索更好地促进会展专业实践教学的发展新路。本文中，笔者将根据多年的教学经验，提出一种全新的实践教学模式，以期更好地提高会展专业学生的综合素质。

关键词： 实践教学　自案例　朋辈导师

现代会展业是一个涉及面广、政策性强、专业化程度高的行业，是集商品展销、经济洽谈、信息交流、文化交往、旅游观光度假等功能为一体的现代经济产业，其性质决定了会展从业人员必须具备较高的实用技能和实践业务素质，不管是哪一类会展人才，都是需要经过系统科学的教育、专门的职业化训练才能逐步培养出来。与此同时，会展业的外向型特点又决定了会展活动运作过程中人际交往的重要性。让学生在实际工作岗位上有效地实现"角色转换"，在复杂的人际交往环境中协调好各种关系，则实践性教学起着至关重要的作用。

一、实践性教学存在的不足

开设会展专业教学的各高校也都非常重视实践性教学的引入，在理论联系实际的科学教育思想的引导下，在课程设置上都有所偏重，为开拓学生视野、缩短课堂与会展行业距离、加强会展专业学生理论与实践综合素质的培养起到了重要作用。但纵观目前的实践教学，主要还存在以下几个方面的问题。

1. "课堂教学"一统天下，案例教学纸上谈兵

在课堂教学中引入的部分案例教学，或者是"老八股"式的固定模式的案例分析，或者是国外经典案例的笼统剖析，或者是权威主义至上，把别人的分析拿来就用，无论哪种模式，沿用的仍然都是教师讲解、学生听课的传统模式。

2. 实践教学师资薄弱，"双师型"多面人才严重匮乏

会展专业教师科班出身的非常少，很多教师都是从相关专业转型而来，同时具备教师资格和职业资格的"双师型"人才，即教育教学能力和工作经验兼备的复合型人才，极度匮乏，这种状况非常影响会展专业学生综合素质的提高。

3. 校企联动流于表面，学生深入企业实习实践效果不佳

一是很多企业出于商业方面的考虑，为学生提供的展位营销等岗位并不能满足学生通盘掌握运作展会及大型活动的技能需求。二是由于会展专业起步晚，规模小，许多企业业务有限，所能接纳的实习生很少，而有能力接纳学生实习的大企业通常把学生当临时工使用，没有培养的动机和意识。

4. 实践教学缺乏系统设计

目前，许多高校的会展实践教学计划大多只注重某些环节和模块，缺乏系统设计。实践教学多停留在现场服务管理等比较简单的环节，对于策划、宣传、活动评估等专业性强、能力要求高的工作涉及较少，最终学生只能"窥豹一斑"。

二、"五自创新"的案例教学新模式

针对目前会展实践教学中存在的诸多问题，笔者结合自己多年的会展教学经验，并受医学临床教学，尤其是临床解剖学教学方法启示，将在本文中探讨一种以具体项目为核心，以解决产业实际问题为主轴，以帮助学生将书本知识运用于产业实务为目的，进而实现案例教学的新模式："五自创新"模式（理论知识自动更新、动手能力自主加强、实践成果自我激励、创新能力自觉培养、创业精神自然生发）。具体来说，研究项目要解决以下几个方面的问题。

1. 实验室（实践基地）在哪里？

教学实践基地是开展实践教学的主要活动场所，包括学校日常教学使用的教学基地、企业（这里具体指会展或相关企业）和校企联合建立的展会项目平台，本研究主要用到的是后两种教学场所。

2. 小白鼠（会展项目）在哪里？

实践教学所用到的会展项目主要有两类：一是自我主办一些，师生通过共同实施一个完整的"项目"，从而开展教学活动（如北京第二外语学院已经连续主办几届的"北京对话"）；二是承办一些活动，如校企合作的企业所举办的一些会

议、展览、大型活动，学生在参与过程中借势成长（如北京第二外语学院已经开展的自主项目实验：2015 年中国休闲与旅游研究峰会）。这便是区别于经典案例教学的"自案例"模式，它充分体现了会展案例自主、自发、自创、自身的特征。

3. 如何"解剖"小白鼠（实际案例承办与研究）？

核心项目团队由一位学术导师、一位产业导师、一位教学基地信息员、一位朋辈导师（师兄师姐等高年级学生）、五个项目信息员（即新接触项目的低年级学生）组成。如果按"一带五"的规模来计划，接受案例培训学生的容量将是一个很大的数字。这个核心团队将负责某个会展项目中的某一专业领域的工作，学生或者按个人兴趣选择专业领域，或者由导师分配专业领域。之后，团队共同参与工作，形成上下联动、言传身教为特色的创新学习团队。

4. 如何从实验室回到理论殿堂？

项目阶段性总结后，师生带着项目情感回归课堂，采用学生自述、朋辈导师指导、任课教师点评提炼的程序对项目工作进行总结。每个学生在会展项目进展中都有辛酸、汗水、成长，这些是在课堂学习几百个案例都得不到的宝贵经验，学生对自己的感受畅所欲言，教师点评，师生共同总结具体项目中的经验、教训，从而打破案例教学都是所谓的经典案例的模式。

三、"自案例"型实践教学模式的创新点

"自案例"型实践教学将从根本上解决教学实践平台不足的弊端，不是鼓励学生而是真正带领学生走进会展项目，将案例教学项目化、动态化、实景化、现场化，将学生学习到的理论知识自上而下夯实在具体的项目中，学术导师加朋辈导师从各自角度鼓励与加强学生的积极性和参与意识，因此，实践教学不是用于让学生学习简单的操作技能，而是学习综合实操技能。其创新特色主要体现在以下几个方面。

1. 朋辈导师的带动与引领作用

朋辈导师是本项目的一大特色与创新之处。朋辈，即朋友、平辈，朋辈导师即自己的朋友、师兄、师姐担任的导师。第一届朋辈导师由学术导师亲自指导带队，在实际项目中磨炼成长。根据迭代制原则，这一届学生将成为下一届学生的朋辈导师，在接下来的项目中将与学术导师和专业导师共同指导下一届学生参与项目活动。

2. "自案例"的鲜活性与对教学过程的颠覆性创新

"五自创新"的创新点主要体现在以下几个方面。

（1）理论知识自动更新：教师以项目进展为教学大纲和思路，根据实际情况及时补课，大课堂只讲授基础知识，实践课堂练习实操型知识；

（2）动手能力自主加强：项目团队在"实验室"的协同工作中对实际业务的操作由生到熟，与朋辈导师和基础实验员就具体问题共同探讨，并共同协商解决办法；

（3）实践成果自我激励：在项目进展中，学生更能了解与感受到自己为什么学习这个专业，理论知识上还有哪些欠缺。同时，参与项目的自豪感和自我实现的激励更能使学生感觉到自己是主体，项目是自己的事情，每个人在策划小组里都有传帮带的责任与义务；

（4）创新能力自觉培养：项目团队的整体推进促使个人创新意识的不断增强，每个人都愿意为项目贡献自己的思想和创新意识；

（5）创业意识自然生发：在亲自"操刀"的过程中，学生们见识了过程、理清了流程、掌握了方法，因此，自己创业的意识也会在无形中生发出来。

3. 评价体系的客观可测性

以市场价值和课堂满意度这种更为客观、可见、可测的标准进行评价，更容易使各参与方看到这种创新教学模式取得的成果。

会展专业实践性教学环节应贯穿于会展专业学生整个大学学习期间，在教学计划与课程设置中体现，并有计划、有重点地在不同年级间展开，大学一二年级学生主要以分析、参与标准化、成熟化展会（标准小白鼠），即传统实践教学模式中的经典案例为主。大学三四年级学生主要解析、参与"疑难"型、新创型展会（病变小白鼠）。在这个过程当中，调动和运用校内和校外两种不同的资源开展教学，校内应用模拟项目运作的实战教学模式，校外应用实习基地运作的实操教学模式。

通过几年的"自案例"教学后，教师将积累丰富的教学资源与丰富的教学经验，实践教学将越来越生动、鲜活，而会展专业毕业生的理论知识与社会实践也将完美结合，形成强大的就业竞争力。

参考文献

［1］郭元祥. 综合实践活动——设计与实施［M］. 北京：首都师范大学出版社，2001.

［2］［美］泰勒著，施良方译. 课程与教学的基本原理［M］. 北京：人民教育出版社，1994.

［3］顾明远，孟繁华．国际教育新理念［M］．郑州：河南出版社，2001．

［4］施良方，崔允漷．教学理论——课堂教学的原理、策略与研究［M］．上海：华东师范大学出版社，2011．

以案例教学推动会展课堂教学模式改革的实践与探索

程　艳

摘要： 会展经济是市场经济的产物，大力发展会展经济，对推动社会经济起着巨大的作用。会展与现代经济的密切关联，决定了会展人才的培养要适应会展市场对人才的需求。因此，培养会展市场需要的高素质人才是高等院校教育工作者迫切需要解决的问题。课堂教学是实现人才培养目标、提高人才培养质量的核心所在。案例教学是管理学科重要的教学方法之一。在会展课堂教学中，大量引入案例教学会对会展教学起到良好的补充作用。本文首先探究了案例式教学方法，分析了我国会展教育存在的问题，最后提出了如何把案例教学融入到会展课堂教育中。

关键词： 会展　教育　案例

1. 案例式教学研究

1.1 案例教学法的定义

案例教学法（case study）又称"苏格拉底式教学法"（Socratic method），起源于 20 世纪 20 年代，由当时的美国哈佛商学院（Havard Business School）所倡导，采取一种很独特的案例形式的教学。这些案例都是来自于商业管理的真实情境或事件。到了 20 世纪 80 年代，案例教学方法受到师资培育的重视，尤其是 1986 年美国卡内基小组（Carnegie Task Force）提出《准备就绪的国家：二十一世纪的教师》报告书中，特别推荐案例教学法在师资培育课程的价值，并将其视为一种相当有效的教学模式。我国国内的教育界在 20 世纪 90 年代以后也开始探究案例教学法。

对案例教学法有多种表述，比如：

（1）为了一定的教学目标，在教师的指导下，由学生对选定的具有代表性的典型案例，进行有针对性的分析、审理和讨论，做出自己的判断和评价的一种教学方法，它是一种具有启发性、实践性、能开发学生的思维能力、提高学生的判断能力、决策能力和综合素质的新型教学方法。

（2）案例教学法也叫实例教学法或个案教学法，它是在教师的指导下，根据教学目标和内容的需要，采用案例组织学生进行学习、研究、锻炼能力的方法。它能创设一个良好的、宽松的教学实践情境，把真实的典型问题展现在学生面前，让他们设身处地地去思考，去分析，对于激发学生的学习兴趣，培养创造能力和分析、解决问题的能力极有益处。

（3）通过一个具体教育情境的描述，引导学生对这些特殊情境进行讨论的一种教学方法。

1.2 案例式教学的特点

（1）目的性明确。针对一个或几个独特而又具有代表性的典型事件，让学生在案例的阅读、思考、分析和讨论中，建立起一套适合自己的完整而又严密的逻辑思维方法和思考问题的方式，以提高学生分析问题、解决问题的能力，进而提高教学质量。

（2）客观真实。案例所描述的事件基本上都是真实的，案例的真实性决定了案例教学的真实性，学生根据自己所学的知识，得出自己的结论。

（3）综合性较强。案例比一般的案例内涵丰富，案例的分析，解决过程也比较复杂，案例教学的实施，不仅需要学生具备基本的理论知识，更需要学生综合运用各种知识和灵活的技巧来处理。

（4）结果多元化。案例教学，不存在绝对正确的答案，目的在于启发学生们独立自主的思考，探索、注重培养学生的独立思考能力。

（5）实践性突出。学生通过对案例的了解、分析和解决，能够在课堂上就接触大量的社会实际问题，有利于实现从理论到实践的转化。

此外，案例教学法在实施过程中，注重突出学生的主体性、教师的主导性、互动的多样性等特点。

1.3 案例式教学的作用

（1）案例式教学法既可以巩固学生所学的理论知识，又可以提高学生的实际操作能力。听课、复习、考试等教学环节，对于学生们掌握所学的理论知识，都有一定的作用，不可忽视。但是平铺直叙的正面接受知识，并不一定能真正理解，学生进行案例讨论，要有针对性地运用理论知识去分析问题。这时他不仅要知其然，而且要知其所以然，知其应该用于何处，从而可以加深对课堂教学内容的理解；在案例讨论中，还会发现自己学习上的薄弱环节从而注意加以弥补，通过对理论知识的应用来促进理论知识的掌握和理解，这是案例教学的一个重要的作用。

（2）案例教学法既可以向学生传授知识，又能大力发展学生的智能，提高学生的基本素质。一个好的老师，一个好的教学方法，不仅要给学生以知识，而且还要开发学生的智力，提高学生吸取知识、探索知识的能力。学生在一定时期的学校生活中学到的知识总是有一定的限度的，但知识是无止境的。新知识更是层出不穷；如果学生既学到了基础知识、又提高了智力，增长了自己的聪明才智，就如同打开了知识宝库的钥匙，可以受益终身。进行案例教学的好处，就在于它不仅使学生们能够获得知识，而且在运用知识解决问题的过程中受到多方面的锻炼。

（3）案例教学法使学生变被动听讲为主动参与，有利于调动学生的积极性和主动性。传统的教学方法着重于吸取知识，而忽视应用知识，学生一直处于被动接受的地位。而进行案例教学时，学生需要独立的解决问题，这对学生而言就提出了更高层次的要求。学生就像企业管理者"当事人"一样，身临其境，处理问题，分辨是非，提出自己的合理方案。因而案例教学方法能够更加有效地提高学生分析问题和解决问题的能力，还能够不断调动学生学习的积极性和主动性。

（4）案例教学法通过课堂讨论与案例分析报告的撰写，能够不断提高学生的语言文字表达能力。高等院校的毕业生，必须具备良好的语言表达能力，才能胜任相关的工作，案例教学法在这方面可以起到很好的作用。学生在案例讨论之前，必须进行充分的准备，写出自己的发言提纲；在案例讨论之后，要写出案例分析报告，这些都有利于提高学生的文字表达及写作能力；在案例的讨论过程中，通过激烈的争辩，对提高学生们的语言表达能力也很有帮助。

案例教学是培养高素质管理人才的重要手段。优秀的管理者不仅要掌握必备的管理知识，更要掌握现代管理的思想、方法和手段。要具有发现问题、分析问题、判断问题、解决问题的能力。对这些综合素质的培养，案例教学有着传统的传授式教学方法无法比拟的优势。联合国教科文组织曾就案例研究、讨论会、课堂授课、模拟练习等9种管理教学方法的教学功能，对有关专家进行过调查。结果，案例研究在这9种教学法中，在知识传授、学生对知识的接受程度、知识保留的持久性这三个方面占第二位，在态度转变和人际关系能力培养方面占第四位，而在对分析能力的培养方面占第一位。由此可见，案例教学对于管理教学、特别是管理者素质的培养是十分有效的。

2. 我国的会展教育

总体来看，会展业在我国具有强劲的发展势头。2015 年全国共举办 3 168 个展览会，展会总面积 8 900 万平方米。其中经贸类展览会有 2 612 个，比 2014 年增加约 7.8%，总面积为 7 874 万平方米，比 2014 年增加约 10.8%。近几年，我国会展行业也告别了两位数的高速发展，进入优化结构、提升质量的新阶段。我国会展业的总体趋势为全球化趋势、信息化趋势、集团化趋势、品牌化趋势、专业化趋势、创新化趋势、生态化趋势以及多元化趋势。

会展业的快速发展对会展教育，尤其对高端的国际化复合型会展人才培养提出了严峻挑战。据有关方面预测，今后几年我国会展市场需要会展人才将超过200万，会展业一线城市高层次人才供求矛盾将更为突出。高层次会展专业人才的稀缺将成为会展产业发展的主要制约因素。

我国高校会展专业招生规模已经实现连续12年的持续增长。根据最新统计，2014年全国招收会展新生14 293人，较上年增加了10.2％。新生入学后，全国会展专业在校生规模达到41 822，其中本科生为11 622人，创历史最高水平。

会展专业作为一个新兴的专业，目前在会展教学一线的教师大多数都不是科班出身，而是从相似专业转型而来，无论是从专业理论还是实践经验来说都不够理想，上升到既能从事理论教学又能从事实践教学的"双师型"教师更是少之又少。教师缺乏实践经验和专业培训，在教学中就只能照本宣科，再加上教科书本身的局限性，使得会展教学更加困难。缺乏国际化、专业化、市场化培训的师资，也导致了会展教育的滞后性。

我国的会展学历教育始于2002年，与市场会展产业相比同样是起步晚，大不一样的是会展教育发展慢。中国院校都在"摸着石头过河"，教材雷同、教学模式单一、在专业设置、培养方案和培养目标不具体等问题。总而言之，发展势头强劲的会展业却伴随着动力不足的人才教育问题。

2.1 我国会展教育的发展特点

2.1.1 起步虽晚，发展速度快

从国外会展教育的发展历史看，美国第一门会议管理课程于1978年在内华达大学饭店管理学院开设。而中国的高等会展教育最早始于2001年上海工艺美术职业学院开设的展览设计专业。这同国外相比，中国晚了将近30年。但中国会展高等教育发展速度之快，远远超出了人们的预期。

2.1.2 办学主体多元化

公办民办高校齐头并进，国内国外合作办学特征明显。从开办会展高等教育的主体来看，公办高校约占四分之三的份额，民办高校约占四分之一。当然也有公办民助高校以及股份制高校等其他形式。除此之外，中外合作办学的特征非常明显。来华合作办学的国家和地区主要有美国、德国、法国、澳大利亚等国家。在中国大陆的教育体系中，相对公办高校来说，民办高校以及中外合作办学等更具有明显的"市场导向性"。民办高校以及国外高校对中国会展教育的青睐，一

定程度上反映了中国会展教育较乐观的市场。

2.1.3 涉及领域宽，多学科嫁接

从目前提供会展教育的高校看，涉及学科非常广泛。其中，占主体地位的有6大类：旅游管理类，如广州大学、中山大学等；工商管理类：北京第二外国语学院、北京联合大学、上海交通大学等；国际贸易类；如宁波万里学院；广告学类：如浙江大学城市学院；艺术设计类：如中国传媒大学南广学院、吉林大学珠海学院、上海工程技术大学等；外语类，如上海邦德职业技术学院。从课程设置看，目前高校提供的会展教育中，主要以会议、展览的策划和管理为主，其次为展览展示设计，而装饰搭建以及服务接待方面的课程提供较少。

2.2 我国会展教育存在的问题

2.2.1 会展产业发展迅猛，教育成为瓶颈

会展经济已成为中国经济新的亮点，并逐步走向国际化、专业化、规模化和品牌化，正在步入一个关键历史时期，在产业结构逐步升级的过程中，正在不断吸取世界各国先进的科学技术和科技成果。然而，在我国会展业高速发展的情况下，与国外会展发达国家相比，我国缺少一支稳健的、高质量的专业会展人员队伍，会展企业中高素质人才比例明显低于高新技术企业及现代服务业的比例，缺乏熟练掌握外语、精通展览设计、擅长会展组织策划、了解国际惯例、富有实际操作经验的专业人员。因此，如果人才问题不尽快解决，将不利于我国会展业的持续健康发展，更无法与国际接轨。

2.2.2 会展教育观念偏颇，人才培养方向偏差

我国会展经济起步晚，发展迅速，但是由于缺乏对国际会展业和国际会展教育的了解和研究，所以在观念上还存在着许多误区，严重阻碍了我国会展业的发展。会展教材以翻译国外原著为主，缺乏本土特色，难以适应我国会展业发展的实际情况。高校课程设计是在原有的专业基础上开设会展专业或者专业方向，再加上会展专业师资的匮乏，导致了各校的会展专业学生所学的课程差别大，职业定位不准，培养出来的学生的专业能力和适用岗位差别大，无法形成统一标准等问题的产生。

2.2.3 会展管理课程建设方兴未艾

我国旅游教育从改革开放开始，旅游管理和酒店管理教学计划的课程结构主要基于观光游览市场，而缺乏对商务会展市场的充分重视和对会展教育之间关系的深刻了解，当今世界上80％的会议和39％的展览都在酒店举行，而在国内开设酒店管理专业院校的教学计划中却很难发现"会展销售与服务"此类的课程。许多学校的教学计划一旦制定，起码就是10年一贯制，很难与时俱进，就更不

用说改革创新了。这和美国 150 多所旅游院校开设会展专业与课程形成了鲜明的对比。

2.2.4 授课教师大多半路出家，专业理论基础薄弱

虽然我国会展教育发展迅速，但是在师资和专业基础上还存着很多的问题。一方面，由于我国会展教育起步晚，很多学校会展专业都是从旅游或者工商管理等专业基础上创办的，所以，大多数会展老师是在国际贸易、旅游类专业、艺术类专业，外语类专业等演变深造而来，缺乏对会展业的宏观把控，缺乏会展的实际操作经验。另一方面，由于缺乏系统的理论研究以及会展管理，老师们自身知识结构上的缺陷，使得架构会展理论和教育体系增加了难度，很难培养出适合我国会展市场的人才。

2.2.5 办学与市场脱节，与企业联系少

国家旅游局总局人事教育司曾指出，不少旅游院校关起门来办学，与行业管理部门、旅游企业等联系很少，教学内容和行业实际脱节现象严重。这一论断同样针对我国旅游院校在发展会展教育上的作为。与国际旅游院校密切注意旅游市场变化、加强同行业与企业联系合作相比，国内几乎没有哪个旅游院校能像美国内达华大学酒店管理学院那样同如此众多的旅游与会展行业组织及企业保持着良好的合作与联系。国内也很少有旅游院校参加国内外有关的行业协会与专业组织，开展积极的交流。这也决定了国内旅游院校的信息不灵活，行动迟缓，教育与行业脱节。校企合作不密切，导致我国会展教育的落后。

3. 案例教学与会展专业课堂建设

我国的会展教育出现以上的种种问题，如何去改善和发展我国的会展教育，应该是我们每一个会展教师需要深思熟虑的。本人认为，会展产业是一个重视实际操作能力的优势产业，教师们可以通过在课堂上引入大量真实的实际案例，来和同学们去探讨、分析会展业所面临的一些问题。这样不仅检验了同学们学习到的理论知识，同时也提高了他们实际动脑与动手的能力。案例教学对于会展课堂来讲，应该是一个非常好的教学方式。

3.1 教学案例的选择

案例教学效果如何，在很大程度上取决于所选择的案例质量。总体而言，适合于会展教学的案例需要具备以下几个方面的特点。

（1）情境契合。情境契合关注的是一方面所选择的案例应该能够覆盖当前需要讨论的主要知识点，对会展专业学生深化相关的理论与方法的理解有较大的帮助；另一方面，案例企业所在的行业对学生们而言并非是一个完全陌生的行业，

否则学生们需要花费很多的精力去了解这一行业，影响对案例所需讨论的核心管理问题的分析，又可能由于对行业背景不甚了解而不能引起足够的思考和共鸣。

（2）案例典型。教学案例涉及的管理事件应具备典型性，以使学生们达到学以致用、举一反三的目的。按照学习迁移理论的观点，人们经过系统思考以后检验的管理理论、方法以及形成的问题解决思路，会迁移到以后的管理问题解决活动之中，从而实现从非程序化决策到程序化决策的转变，使得未来的管理决策效率可以实现较大幅度的提升。如果教师们选择的案例具有较强的典型性，学生们通过系统的案例分析和讨论所得到的管理感悟可以顺利实现从案例教学课堂向未来管理实践的迁移，一旦他们在未来的管理决策中面临类似的管理情境，决策效率和速度都将得以大大提高。当那些没有接受系统案例教学的管理者面对现实纷繁复杂的管理情境时，还沉浸在非程序化决策的时候，接受过系统案例教学的管理者却只需要开展简单的程序化决策，根据实际的管理情境，对以往在案例教学课堂中已经展开的系统思考做简单的微调即可。

（3）取舍两难。好的教学案例一定会面临着取舍两难的管理情境，这就是它与例子的最本质区别。能够调动学生讨论兴趣的会展案例必须矛盾重重，当事人面临着一系列的两难选择；而例子则没有悬念，目的是支持或说明某一特定的观点、结论非常明确，难以让学生们展开激烈的讨论。好的教学案例必须用第三方的语言描绘出相对复杂的管理情境，详细的描述学生做出相应的管理决策所必需的相对中立的信息，而避免站在第一人的角度做出各种诱导性很强的主观评价，破坏学生自由讨论的基础。案例教学的精髓在于，让学生面对案例素材所给出的复杂的感情情境，能够站在案例企业所涉及的主要当事人的立场，找出企业所面临的主要矛盾或矛盾的主要方面，并进而提出针对性较强的解决方案。事实上，在一些案例教学的课堂中，学生参与讨论的热情之所以不够高，很大原因在于发给学生的相关素材依然停留在例子的增面，矛盾不够突出。

（4）素材有趣。趣味性虽然不是案例选择的必备条件，但确是提高案例教学效果的重要前提。好的教学案例要有趣味，能够讲出故事，给学生留下较大的悬念，引发学生阅读和思考的兴趣。一些学生之所以课前阅读案例的积极性不高，在案例的讨论环节中参与的投入度不高，很大原因在于案例作者对案例素材缺乏有效的取舍，案例内容过于平铺直叙，缺乏足够的趣味性。

3.2 原创教学案例的开发

只要具备 3.1 提到的四个方面的特点，都适合教学案例的要求。具体而言，教学案例既可以是别人已经开发出来的完整案例，也可以是教师自己通过编辑，整理一些二手资料撰写出来的案例。但最理想的情形莫过于会展教师通过深入会展企业并开展一系列的调研工作，在搜集大量一手资料和数据的基础上开发出来的原创案例。在教学中，采用原创案例的好处就是一方面会展教师亲自参与了案例的调研与撰写工作，对案例在什么教学场合使用非常清楚，有利于提高案例选择的科学性；另一方面，会展教师对会展案例企业及其行业背景知根知底，了解该会展企业管理演变的来龙去脉，并对案例企业的管理现状有着直接的感悟，对案例的讲解与点评的针对性将更强，观点会更加出彩。

（1）案例调研的开展。选择合适的会展合作伙伴是开发原创案例的基础。会展教师需要根据拟讨论的主题，确定备选的案例开发企业名单，并从中选择那些具有一定合作基础或已建立良好的人际关系的企业作为最终的合作伙伴，以保证在未来的调研过程中获得案例企业领导层的广泛支持，并顺利取得案例企业有关教师使用与发表该案例的相关授权。在对案例企业实施调研之前，需要根据调研目的合理的确定访谈对象的名单，根据访谈对象的职位设计出定制化的访谈问题和提纲，并提前将访问提纲发给访谈对象，以给对方留出足够多的准备时间，确保访谈过程能够更具有成效。案例调研小组还需要准备一份较为详尽的拟搜集资料清单，以便为案例的撰写提供更为丰富的素材。在访谈过程中，案例调研小组需要创造相对宽松的氛围，让访谈对象愿意说真话，能够不加任何掩饰的表达出自己的真实想法。案例调查小组还应尽可能对访谈内容做详尽的记录，如果有必要，除了做好文字记录之外，还要充分做好录音及录像等辅助手段的工作。

（2）教学案例的撰写。一个典型的教学案例通常要包括导语、主体、结尾及附录等主要内容。导语部分一般站在案例企业某位管理者的立场，围绕某个或某些管理知识点，描述案例企业在某一时点所面临的主要困境。主体部分围绕案例企业面临的管理困境，按照一定的逻辑顺序，描述跟案例分析与讨论相关的企业与行业背景资料。以一个重点关注多元化战略的案例为例，主体部分大致包括案例企业的内部基本情况，案例企业现有业务所在行业及拟进入行业的基本环境，并就当事人是否实施以及如何实施多元化战略所面临的两难处境做详细的交代。结尾部分对主体部分所给出的大量素材做一个简单的总结，并对导语部分提出的主要问题做出呼应。为了确保案例正文的内容更简洁、条理更清晰、案例所涉及的各种数据和资料可以用图表的方式放置在附录部分。撰写案例应使用客观描述的语言范式，避免使用主观评价的语言范式，以避免对学生独立思维的不利干扰，让学生经过自己系统的思考之后能够做出独立价值的判断，提出相应问题的解决方案。适用于教学过程的案例绝不是企业出于公关需要而撰写的宣传文字，也不能演变为某个会展企业经验的介绍材料，否则必然由于缺乏矛盾与冲突而不能引起学生们讨论的兴致。案例中所给出的素材要尽可能详尽，尽可能多地给学生分析与讨论相关管理问题提供必需的信息。在这些信息中隐藏着案例分析与讨论所必需的各种线索，但这些线索却不能直截了当，需要学生经过认真的分析、比较之后才能找到。由于在不同的发展阶段，会展企业面临的主要管理问题可能相差悬殊，随着时间的推移，案例所关注的两难处境已经得到解决，会展企业又可能面临新的两难处境。此时，就有必要接着开发新的系列案例，由于具备前期开发的基础，系列案例的开发速度一般都会很快，开发成本也会降低。

我国会展业要想早日实现与国际接轨，就必须提高对人才培养的档次和规格，提升人才培养的国际化程度。我们应该借鉴欧美发达国家先进的办学理念和教学经验，在会展课堂中引用大量的案例分析教学，通过理论联系实际案例不断提高会展学生的分析能力和解决问题的能力，为中国及全世界培养高素质的国际化会展核心人才。

参考文献

［1］肖艳红. 美国会展管理专业的教育模式及其对中国的启示［J］. 内蒙古财经学院学报（综合版），2010（2）：13-19.

［2］杨丽霞. 我国会展人才培养问题研究［J］. 世界经济与政治论坛，2009（5）：108-112.

［3］刘大可. 我国高等会展教育发展态势分析［J］. 北京第二外国语学院学报，2006（5）：81-84.

［4］丁萍萍. 我国会展教育现状评析［J］. 中国展览路，2005（2）：48-52.

［5］马勇，肖轶楠. 我国会展专业的课程设置与人才培养［J］. 旅游科学，2005（19）：75-78.

［6］威廉·埃利特. 案例学习指南——阅读、分析、讨论案例和撰写案例报告［M］. 北京：中国人民大学出版社，2009.

［7］陈佳贵. 新中国管理学 60 年［M］. 北京：中国财政经济出版社，2009.

［8］刘刚. 哈佛商学院案例教学机制及其启示［J］. 中国高教研究，2008（5）.

［9］Bailey J R. The Case of the resurgent case［J］. Academy of Management Learning & Education，2002（2）.

微信应用与案例教学效果改进

罗立彬

摘要：虽然案例教学的恰当应用被认为有助于提高教学效率，然而实践中却也遇到案例质量不高、教学时间不足、学生参与不足、硬件设施不够、课堂组织困难大等实际困难，造成对案例教学法的满意度下降。而微信强大的网络沟通功能及其在大学生中极高的渗透率和活跃度，使其在案例教学中可以增强案例资料的可获得性，帮助学生充分利用碎片化时间，降低案例阅读和参与讨论的成本，降低案例教学硬件要求，方便教师点评，从而帮助解决案例教学中的诸多问题。在对上述机理进行论述的基础上，本文对微信用于案例教学进行了教学实践并开展了问卷调查，对微信的上述功能进行了验证。

一、引言和文献综述

随着微信普及，微信在教学实践中的应用也开始引起关注。徐梅丹等（2014）发现教师是否愿意用微信开展辅助教学，取决于教师对微信的感知有用性和感知易用性，年龄、学历也有一定影响，而性别和经验对使用意向不会产生影响。王丽等（2015）认为微信整合了手机短信、手机通话、电子邮件、微博、论坛等多种功能，构成了一个简便高效的多媒体模态、一体化的移动交互平台，多种互动模式使交互变得更加灵活通畅，而且操作简便、用户体验好，是目前最省流量的手机通讯软件，在大学生群体中享有很高的使用率和黏着度。柴阳丽（2014）对非英语专业大学生应用微信进行英语视听说学习的愿望进行了调查研究，表明大学生非常渴望基于智能终端的听说学习活动开展，微信用于大学英语视听说教学具有重要意义。严大虎等（2015）认为微信为完善问题式教学提供了新思路，因为它创建了一种良好的问题提出、解决和交流方式；提供了丰富有效的问题呈现方式；提供及时的信息反馈；支持碎片化学习。严大虎等（2015）对"微信公众号"对问题教学的支持做出了具体的设计，虽然没有进行具体的操作和实践，但是依然提出了有意义的设计借鉴。元丽莉（2015）在分析了设计类专业课全英文教学出现的问题基础上，提出了全英文授课设计类专业课程微信平台教学辅助支持环境的设想，探讨了其可行性和优势。施李丽（2013）分析了微信教学在文献检索课堂上的运用。

除了分析微信应用于教学实践的意愿、意义及对应用设计进行分析之外，也已经出现微信应用于课堂教学的实践，比如王丽（2015）将微信应用于翻译教学，开展了教学实验并调查，发现微信的交互式翻译移动教学模式有效解决了传统翻译教学模式下交互不足、交互囿于课堂的问题，是对传统课堂教学模式和计算机辅助教学模式的有益补充，能有效提高翻译教学的效率和效果。王晓玲（2013）则以"影视后期制作"课堂为例，通过教学实验研究了微信对于任务驱动的协作学习帮助的效果，而且还与 QQ 的效果进行了对比，结论是在各个方面，微信小组的协作学习效果都比 QQ 组更好。该研究的设计比较细致，结论有说服力，遗憾的是对于原因分析的不够，只是说微信比 QQ 交友手段更多。

现有的研究多是对微信用于教学的意愿、意义或者某一课程实践效果的调查，但是对于微信与某一教学方案结合应用方面的思考和研究还很少。本文分析微信对案例教学法的影响。

二、案例教学法：优势、局限性及在中国遇到的问题

案例教学法的恰当应用被认为有助于提高教学效率。比如刘刚（2007）将案例教学的作用机制分为"知识来源扩大机制""学习内容优化机制"和"学习效果改善"机制。联合国教科文组织根据对各国有关专家的调查，获得了关于九种管理课程教学法——案例教学、研讨会、课堂讲授、模拟练习、电影、指导式自学、角色扮演、敏感性训练、电视录像——每一种管理课程教学法的六项教学功能的评价结果，案例教学在这九种教学方法中，对分析能力的培养居第一位，在知识传授、学员对知识的接受程度、知识保留持久性这三方面占据第二位，在态度转变和人际关系能力培养上居第四位（宋华明等，2009）。

然而，案例教学法也有不少局限性，其有效实施需要一定条件。案例本身不能说明事物整体，使学生获得的知识难以汇总进一个整体框架中，学生对概念原理等概括化知识的批判性分析能力得不到有效培养。王青梅（2009）指出，实践过程中，案例教学有时只是以"增强教学过程中的生动性和趣味性"为目的，成为"传授知识的一种说明和补充"。而案例教学增加了教学者负担，主持案例讨论也成为现实中的一大挑战；案例教学对学生学习的主动性和自觉性要求较高，案例讨论可能因为学生准备不够充分而出现"沉默寡言""偏离主题""发言内容过于分散而影响教学主题"等问题。

案例教学法在中国的应用也遇到了不少问题。一是案例质量不高。主要表现

为国外案例多于本土案例。由于案例教学法在法学、管理学和经济学的应用主要是从国外引进的，所以，到目前为止，原版引进的国外案例数量较多，国外案例虽然各种配套资料很完善，但是很多时候不适合中国国情。本土案例对于培养学生理论联系实际的能力很重要，但是高质量的本土案例非常难以采写，企业的合作，教师考核制度的激励机制都在制约着教师采写本土案例的条件和动力（何志毅，2005；武亚军，孙轶，2010）；二是缺乏合格的师资。真正的案例教学对于教师能力的要求很高，而目前还缺乏能够真正成为倾听者、促进者和引导者的师资（武亚军，孙轶，2010）；三是学生被动学习的习惯，虽然学生对案例教学法多持欢迎态度，但是郭霖（2011）指出，几十年的传统教育方式使很多国内学生养成了被动接受知识的学习习惯，表现在学生课前不充分阅读分析案例资料、讨论中消极被动、无法很好参与讨论，为案例教学的高效率实施提出了挑战；四是教学设施不足。比如，西方案例教学会配以包括固定黑板、移动白板、马蹄形或半圆形教室、学生名牌等一个系统性适合案例教学的硬件环境，而在我国大多数学校，上述硬件条件是缺乏的（武亚军，孙轶，2010）；五是案例教学效果及满意度有待提高。上述几方面问题的结果是，虽然有90％以上的教师和学生都认为案例教学很重要，但是，对案例教学满意的学生比例只有20％（虽然在教师中的比例高达80％）。学生对案例教学效果不满意，一方面是因为理论教学不好（13.4％），但大多数是因为理论联系实际不足和操作性技能不足（73.2％和52.5％）。学生认为案例教学不好的原因有案例质量、教授点评、学生准备和课堂组织等方面，但最重要的是教授点评和课堂组织方面（何志毅，2002和2005）。

三、微信对于案例教学的促进机理

微信的合理运用可以克服案例教学法在中国应用中遇到的诸多问题。

1. 极大地拓展了案例资源的可获得性，可以克服本土案例不足以及质量不高的问题。虽然没有找到精确的数据统计，但是生活中的体验告诉我们，几乎所有的新闻媒体、报纸杂志都制作了属于自己的微信公众号。此外，由于微信极大的渗透率，还有大量基于微信平台出现的自媒体出现。腾讯公司的调查表明，所有微信公众号当中，泛媒体类的公众号比例最高，超过四分之一。其中，也包含我们认为是比较权威的资料渠道。它们为微信的用户带来了大量的新闻、资讯、案例、分析、数据等多种形式的资料。同时，由于微信的渗透率和活跃度都很高，可以极大提高这些资料的可获得性。根据腾讯公司的调查，2015年9月，微信日平均登录用户为5.7亿，其中60％的用户是15到29岁的年轻人，另外，社交网络已经成为第二大新闻渠道，渗透率超过了电脑加电视。此外，微信还有"微信读书"功能，腾讯公司的调查表明，35．8％的微信读书用户提升了阅读量。这些资源为案例教学提供了大量的"本土化"材料，以笔者个人授课经验为例，笔者 2015 年讲授的《国际贸易》课程，一共使用了 20 个案例材料，其中文字案例 18 个，视频案例 2 个。这些案例的来源主要有：腾讯新闻、订阅号"经济学原理""国际贸易研究"等。本文第四部分的问卷调查中，不少同学也认为微信"便于分享最好的案例资料"。

2. 充分利用碎片化的时间，弥补案例教学法教学时间不足的问题。教学时间不足可能是案例教学法中遇到的最大挑战之一。在案例教学实践中，教师常常感受到"厚此薄彼"的现象，理论框架讲多了，案例分析就没有时间；而案例讨论多了，就没有时间帮助学生完善分析问题的框架，结果造成教师课堂组织的困难。微信的一个优势是它可以帮助教师和学生在碎片化的时间里进行沟通，弥补教学时间不足的问题。尤其是"微信群"功能的存在，教师一旦建立了属于某一课程的专门的"微信群"，就相当于在一定程度上将授课和讨论延伸到了课堂之外，成为一种"移动课堂"，虽然其他移动互联网工具也可以实现这一功能，但是由于微信极高的渗透率和参与度，使得它有独特的优势。本文第四部分的问卷调查对于微信对于课外时间运用效率提升的作用也给予了印证。

3. 降低了学生案例阅读准备的成本和参与讨论的成本，激发学生参与的积极性。前文提到案例教学在中国应用时出现了与国内学生学习习惯的矛盾：很多国内学生养成了被动接受知识的学习习惯，表现在学生课前不充分阅读分析案例资料，讨论中消极被动，无法很好参与讨论，为案例教学的高效率实施提出了挑战。我们相信学生不阅读案例资料和不参与讨论可能有多种原因，但是最终都可以归结为阅读和参与的"成本"比较高。比如传统案例教学法中，有时需要学生自己去寻找案例的位置，或者将案例打印出来并带在身边，甚至必须需要比较好的阅读环境，这些都是学生准备案例阅读的成本；如果由于阅读准备的成本较高而使学生没有充分准备，这首先就增加了学生参与讨论的难度。此外，学生在参与讨论的时候，还涉及一些其他的成本，比如主动举手说话的"主动性"成本；口头表达的语言组织难度加大；分析出现错误的"风险"成本。而微信可以将案例直接"推送"到学生眼前，学生可以随时随地进行阅读；学生在微信群里可以选择语音或文字两种形式参与讨论和发表观点，甚至如果不想在群里发表观点，也可以选择与老师"私信"来讨论，语音和文字都可以"撤回"，文字组织比口头表达更能够梳理观点，这些方面都可以降低学生阅读材料和参与讨论的成本，激发学生参与的积极性。本文第四部分的问卷调查也对这一点给出肯定的印证。

4. 微信讨论对课堂组织也有一定帮助。上文提到，有调查反映案例教学最重要的问题是课堂组织和教师点评方面。微信工具在这方面也可以有一定的帮助作用。首先它降低了案例讨论对硬件设施的依赖度。微信群提供了一个跨越时空的参与工具，对硬件的要求大大降低了；二是微信可以自动记录学生的观点和讨论的痕迹，这一方面特别有助于教师针对每条观点进行点评，省去了教师进行笔头记录的麻烦，同时比教师进行笔头记录更为准确；利用"微信网页版"和投影仪可以将学生讨论的痕迹都投射到黑板上，这就像一个"自动生成"的案例讨论展示板，教师可以逐一选择进行点评。另外，它也可以作为课堂纪录，为以后的回顾、总结或研究提供非常宝贵的语料素材。

四、微信用于案例教学的课堂设计与效果调查

基于上述论证，笔者开展了微信用于案例教学的"初步实践"，并对其效果进行了调查。实践涉及的课程包括《宏观经济学》《国际贸易》和《世界经济导论》三门课程，授课对象为北京第二外国语学院国际贸易专业、贸易经济专业二年级学生和国际关系专业三年级和四年级学生。三门课程内容上的相关性较大，授课方法也比较类似。

1. 微信用于案例教学的课堂设计

课前准备阶段：首次上课时，"面对面"建立课程微信群，并将群名字定义为课程名，告知同学们互相加入，保证所有同学入群。上课之前将课堂上即将讨论的案例发布到群里，包括需要同学们思考的案例问题。在未上课之前，学生可以就案例内容自由发表观点，并通过@功能相互进行讨论。

课中讨论阶段。(1)上课时首先登录微信网页版，通过投影将课程微信群投射到大屏幕上。可以选择再次分享案例和问题。课上到了案例讨论阶段，让同学们分组讨论。(2)同学们可以选择随时将讨论中出现的观点发表在微信课程群中，也可以选择讨论结束后将观点分享在微信群当中。分享的方式可以是文字，也可以是语音。(3)同学可以利用@功能就别人的观点发表见解。(4)教师进行点评。由于学生的观点已经投射到大屏幕上，教师可以针对每一条观点进行点评。整个过程中，学生都可以通过在微信群里面发言来提供反馈。

课后讨论延续。由于讨论的案例和同学们的观点都存留在微信群当中，所以，即使是下课之后，教师和学生还是可以随时查阅，甚至有什么临时的想法或者兴趣，也可以随时发表观点，一些新的延伸的案例、素材或问题也可以随时提出来。这样就很自然地将课堂教学延伸到了课下，使讨论可以不再受到时间和空间的限制。

2. 微信用于案例教学的效果调查

在进行一个学期的实践之后，我们对微信案例教学的效果进行了问卷调查。问卷主体一共 8 道题目，涉及学生对案例互动的态度，对微信进入案例讨论的态度，微信进入案例讨论所发挥的作用及原因等几个方面。问卷通过问卷星来进行设计，并通过在课程微信群中发放电子版，让同学生通过手机回答问卷并提交回收问卷，为保证学生不会出现重复答卷的问题，要求学生在提交问卷时输入验证码。共发放问卷 135 份，共收回有效问卷 114 份。下面是调查结果的基本情况：

（1）大多数同学存在参与讨论积极性不足的问题。87.72％的被访问者称自己在课堂讨论过程中，存在"不想举手""不想发言"的想法。不存在这两种想法的被访问者只占 12.28％。

（2）参与积极性不足的原因，既有学生自身的原因，也有外部环境的原因，又有案例材料选择以及师生关系的原因。调查结果显示，按被选择比例从高到低分别是"害怕答错"（61％）；"怕太出风头"（60％）；"对讨论的话题不了解"（47％）；"对讨论的话题不感兴趣"（27％）；"不想动脑"（11％）；"有更好玩的事情吸引"（10％）；"老师太严肃，让我不太敢于畅所欲言"（9％）；此外，还有的同学表示"同学们积极性都不高"；"其他同学已经说得很全面"等原因。可见，作为教师，要想提高学生的参与积极性，选择合适、有趣、学生关心的案例材料，为学生创造轻松的讨论环境，培育积极参与的课堂氛围都是非常必要的。另外，在可能的情况下，选择恰当的教学工具以降低学生发言的"成本"也是非常必要的。

（3）大多数认为微信可以有效提高其参与度，原因在于其可以帮助同学克服不想参与的原因。73.68％的同学认为"和举手回答问题相比，更能够接受在微信群里发表观点并进行讨论"；另有 12.28％的同学不接受这种说法，还有14.04％的同学表示"不知道"。在认同者当中，80.95％的同学认为"在微信群里发言，由于用文字发言，更容易把握措辞，可以将观点整理得更系统"；53.57％认为"在微信群里发言比现场举手发言更省力，似乎不太能够引起大家注意"；44.05％认为"这种方法很新奇好玩儿"；41.67％认为"微信群能把文字存留下来"；25％认为"在微信群里可以互相@并进行评论，容易形成更为广泛的讨论关系"；另有同学表示"在微信群里发言形成无形的竞争关系"。可见，微信之所以能够提高学生的参与积极性，恰恰是它能够帮助克服学生不愿意参与的原因。比如，同学们"害怕答错"，而微信"可以帮助他们整理观点，让观点更加系统"；同学们"怕太出风头"，而微信"似乎不太能够引起大家注意"；同学们"对话题不了解，不感兴趣"，而微信方式"很新奇，很好玩"。

（4）除了认可微信对课堂讨论参与度的提升作用之外，学生们对微信在课下发挥的作用也给予了肯定。63.16％的被调查者认为微信"方便了课下师生关于课程的沟通"；59.65％认为微信"便于分享最新最好的案例"；55.26％认为微信"将本门课学习延伸到了课堂之外"；47.37％认为微信"提高了同学在课下对本门课的参与"。此外，还有39.46％的同学认为微信的使用"改善了我对任课教师的印象"，35.09％认为微信的使用"提高了我对这门课的关注度"，37.72％认为"提高了教师课上的授课效率"。

五、结论与建议

案例教学虽被认为可以提高教学效率，但在现实中也遇到了各种实施困难。而微信由于其强大的网络沟通功能和在大学生中极高的渗透率和活跃度，使其可以对于案例教学的高效实施发挥重要的促进作用。本文认为微信的应用可以增强案例资料的可获得性，解决案例教学中的案例不足问题；充分利用碎片化时间，解决案例教学时间不足的问题；降低案例阅读和参与讨论的成本，解决学生参与度不足的问题；降低案例教学硬件要求，方便教师点评，解决课堂组织的问题。对于微信用于案例教学的实践和调查对微信的上述功能进行了一定程度的印证。

参考文献

［1］周云. 微博英语班级与课堂教学互动教学模式研究［J］. 现代教学技术，2012（2）.

［2］徐梅丹，孟召坤，张一春，张鹏. 高教教师使用微信辅助教学的影响因素研究［J］. 电化教育研究，2014（11）.

［3］严大虎，费瑞伟，陈露遥. 微信公众平台支持下的问题教学活动设计［J］. 现代教育技术，2015（11）.

［4］元丽莉. 全英文授课：设计类专业课程微信平台教学辅助支持环境构想［J］. 装饰，2015（6）.

［5］施李丽. 微信支持文献检索教学的探讨［J］. 图书馆学研究，2013（22）.

［6］王丽，戴建春. 基于微信的交互式翻译移动教学模式的构建与应用［J］. 外语电化教学，2015（162）.

［7］王晓玲. 微信与QQ支持下基于任务驱动的协作学习之比较研究［J］. 电化教育研究，2013（11）.

［8］柴阳丽. 基于微信的非英语专业大学生英语听说学习诉求的调查研究［J］.

外语电化教学，2014（9）.

［9］ 王青梅. 国内外案例教学法研究综述［J］. 宁波大学学报（教育科学版），2009，31（3）.

［10］ 武亚军，孙轶. 中国情境下的哈佛案例教学法：多案例的比较研究［J］. 管理案例比较研究，2010（1）.

［11］ 刘刚. 哈佛商学院案例教学作用机制研究. 中国企业管理案例论坛论文集［C］. 北京：人民大学商学院，2007.

［12］ 宋华明，杨慧，马义中，钟晓芳. 分时段管理案例教学法研究［J］. 管理案例研究与评论，2009（12），2：6.

［13］ 何志毅. 中国管理案例教学现状调查与分析［J］. 经济与管理研究，2002（6）.

［14］ 何志毅，何梦. 中国工商管理案例教学现状研究［J］. 南开管理评论，2005（1）.

［15］ 郭霖. MBA案例教学中学生课堂参与表现自评和互评方法比较研究［J］. 管理案例研究与评论，2011（12），4：6.

基于学生体验视角的双语课程
教学效果评价原则研究

杨 凯

摘要： 2001 年起，我国高等院校加速开展双语课程教学，学术界和教育界也日益重视双语教学。在双语教学发展过程中，教学效果评价工作具有重要地位，为双语教学的发展起到保驾护航的作用。然而，目前我国双语课程教学效果评价工作存在一些不容忽视的问题，并未发挥出其应有的作用。本文基于访谈法所获得的数据，分析双语课程教学效果评价工作中凸显的各类问题，并提出双语课程教学效果评价工作应遵循的基本原则。希望本文的研究工作能有助于推进我国双语课程教学效果评价工作的顺利开展。

一、问题的提出

教学效果评价是指基于特定的教学理念和教学目标，在全面掌握信息资料的基础上，综合运用相关的科学方法，对教学过程中的客体对象进行价值判断的过程。教学效果评价是高校教学与管理的一个极为重要的环节，普遍存在于我国高校的教学管理工作中，其是否科学有效、客观公正地开展是保证课程和教育教学质量可持续提升、促进学生发展的关键。

社会与经济的协同发展，国际区域性协作的日益频繁，越来越需要既具备较强外语能力又精通专业知识的高素质人才来从事日益剧增的文化、科技、经济等方面的合作与交流。语言已成为我们了解不同地区、不同民族、不同价值观、不同文化的重要工具。因此，双语教学拥有了丰富的内涵。这一新的发展形势需要高校实行双语教学，这对于提高学生素质、更新教育理念、探讨人才培养与教育国际化新模式等工作具有重要意义。2001 年起，我国高等院校加速开展双语课程教学，学术界和教育界也日益重视双语教学。在双语教学体系中，双语课程教学效果评价作为双语教学工作中不可或缺的组成部分，对双语教学的开展起着举足轻重的作用。

目前，我国学者已从多个角度开展对双语课程教学效果评价的研究，但是基于学生体验视角的研究还较为罕见。基于学生体验的双语课程教学效果评价，从总体效果、学生基本能力、教学行为等三个核心观察维度，以及效果改进和教学资源两个可选择维度，综合设置评价指标体系，重视对学生习得与主体自身感受的观察，能使"以生为本"的教学服务理念更好地得以体现。整个双语课程教学效果评价的实施分为总结性效果评价与过程性学习体验反馈等不同阶段，教师基于获得的学生学习体验信息，进行教学行为的改进与反思，因而有效提升教学质量。所以，本文基于学生体验视角，开展双语课程教学效果评价的基本原则研究，希望能推动这一教学效果评价模式在我国的普及，并与现有各种不同视角的研究，一同构成我国教学效果评价的完备体系。

二、研究方法与数据

本文的研究坚持理论联系实际。在理论基础方面，由于基于学生体验的教学效果评价主要流行于国外，相对而言，我国对其应用与研究都较为少见。因此，本文以搜集与分析国外相关文献的形式开展理论基础研究，一方面，为以后与国内实际情况展开对比研究提供理论基础，另一方面，也为提出相关建议提供理论依据。

与此同时，本文同样重视基于实际国情展开研究。由于本文研究的是双语课程教学效果评价基本原则，为了获得深入而翔实的观点，更加适合采用访谈法展开研究。为确保访谈法能获得全面的评价，本文采用 Thurstone 量表编制法获取评价主体（学生）最为关注的问题，如图 1 所示。基于此，本文拟定访谈大纲，选择 10 名不同专业、不同学习成绩的同学开展访谈，获取进一步分析所需的信息与数据。

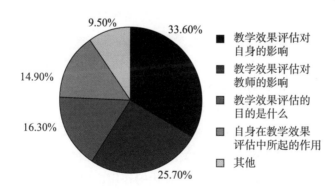

图 1　在双语课程教学效果评价工作中学生最为关注的问题

三、学生体验视角下双语课程教学效果评价存在的问题

1. 双语课程教学效果评价对象模糊

目前，高校对双语课程教学效果的评价主要从两个方面开展：一方面考查学

生在课程中的学习成果，另一方面评价教师个人的教学效果。评价教师个人的教学效果多采用教师个人教学质量评估方式，侧重于评估教师的教学水平。在新形势下，我们应转变固有观念，从教与学等多视角综合评价双语课程教学效果。评价指向教师还是指向课程，体现着截然不同的评价定位与价值取向，对评价指标的设置有直接影响。基于学生体验视角的双语课程教学效果评价对象应是学生是否在该门课程中真正掌握了相关知识点。明确了评价对象才能准确地设置相关评价指标，例如，教师讲解是否清楚、教师是否关心学生真实的学习效果、教师是否鼓励学生主动发问，以及教师是否激励学生自主学习等指标。但是，目前我国高校的双语课程教学效果评价对象模糊，定位不准，并直接导致评价指标设置不合理，某些高校甚至将教师仪容等指标用于评价双语课程教学效果，这种情况必将导致评价分析结果的准确性降低，并可能引起后续教学效果改进措施的决策失误。

2. 双语课程教学效果评价主体的权重分配问题

目前在双语课程教学效果评价过程中呈现出评价主体多元化的趋势。评价主体包括同行、专家、领导、教师本人和学生等。引入评价主体多元化这一理念的初衷是学校及系领导组成的评价小组一般会比较公正地开展评价，并且评价者具有行政权威性，这种评价具有较大的影响力。专家评价则是由资深专家组成督导组，基于多种形式，评价与检查教师课堂教学，专家一般会比较专业和客观地展开评价，这将有助于更加准确地形成评价判断意见，这是课程评价的有益补充，有助于发现问题。专家组的评价意见直接反馈给有关教学院系和教学管理部门，有助于教学质量的提高。同专业教师之间更为了解教学水平和学术水平，评价相对客观，专业性强，大家一致公认其有效性。课堂教学过程中的主体是学生，提升学生的综合能力是双语课程教学的最终目的。通过学习，学生全面了解了课程，同时也在一定程度上认识到课程对自身的影响，学生对双语课程教学效果做出的评价极具参考价值，对双语课程教学效果评价的最终结果具有决定性的作用。最了解自己教学活动的是教师本人，自我评价相对较为容易进行，针对教学过程中存在的问题，教师可以随时进行自我反思、检查和调节，这是教学效果反馈信息的内化与教师自我提升实现的关键，因此，教师自我评价其实质上就是双语课程教学效果提高的过程，具有无可替代的作用。但是，在实际评价工作中，由于双语课程教学效果评价制度的不健全或监督不到位，在客观上导致同行、专家、领导与教师本人的评价主体作用无法得到充分发挥，某些评价主体不参与评价，某些评价主体则由于利益纠葛或关系又无法做出客观、公正的评价，甚至某些评价主体因为学科背景不同，在进行非本专业的教学评价时出现评价技能不足的问题，仅凭印象和感觉打分，进而使评价结果的可信度降低，也就无法准确地反映双语课程的实际教学效果。

3. 双语课程教学效果评价目的的功利化

目前，我国高校对双语课程教学效果评价的目的体现在两个方面：一方面是出于奖惩目的，另一方面是出于提升教学效果目的。出于奖惩目的的双语课程教学效果评价是总结性质的评价，是将评价结果作为依据，决定教师的降级、解聘、加薪、晋级，多用于核定教学效能，主导者是教学管理人员。出于提升教学效果目的的双语课程教学效果评价是形成性质的评价，关注学生与教师的行为、心理与生理反应，专业发展及教师的教学能力提高，学生是否掌握课程内容等。有学者进一步指出，高校对双语课程教学效果评价可以归于四个主要目的：提高教学质量，促进教师的发展；发挥激励效应，形成奖惩机制；完善师资管理制度，提供培训、晋升和聘用依据；使学生选课拥有了可靠的课堂质量和师资数据。

然而，在实际评估中往往把双语课程教学效果评价的主要目的挂钩于教师的经济利益，评价只着眼于过去，仅关注于教师以往的课堂表现，并且，评价结果多用于教师的提职、聘任、加薪、晋级等工作。双语课程教学效果评价的功能无法充分发挥，教师仅仅得到一个排名结果和评价分数，并不知道本身教学的缺陷和优势所在。这样的评价结果很难保证客观公正，评价客体与主体分离，在评价过程中，教师仅仅作为科学控制的对象，处于被分析、被观察的地位，更无法实现学校对双语课程教学效果评价的主导功能。这种评价无法以发展的、全面的眼光评估教师课堂教学能力和学生掌握知识的程度，不重视教学效果提高的长远发展，不利于学生真正掌握课程知识和教师提升教学质量。

4. 双语课程教学效果评价方法单一

目前，我国双语课程教学效果评价中多采用定量评价方法。定量评价的优点是既能通过数据比较，体现出微观层面上各个教师课堂的教学特点和水平，又能通过数据汇总，体现双语课程教学效果总体特点和水平，尤其是将评估结果用于选拔或评比时，定量评价的反馈结果使得管理者易于处理、操作和统计。但是，定量评价方法也有其天生的缺陷，如太过强调标准化和统一性，容易忽视特色、个性以及多元化标准，并且很多教学效果指标难以量化。

5. 双语课程教学效果评价存在相互制约问题

目前，我国双语课程教学效果评价结果的真实性较低。例如，国内很多高校教师教学效果评价结果的优秀率都接近于90%，甚至很多在90%以上。显而易见，这与学生及教师的感受相矛盾，而且也不符合目前我国高等教育平均教学质量的现状。广州大学的一项调查表明，"只有12.4%的学生对教师课堂教学水平表示'很满意'，77％的学生认为'比较满意'，表示'不满意'和'很不满意'的学生分别为17％和9.3％。而近两个学期学生对教师课堂教学质量网上评价被评为'优'的教师却占受评教师总数的90％"。这种评价结果对于教师职业发展或学校宏观决策都失去了应有的意义。导致这种现象出现的重要原因是某些学生对评教不认真、不重视，认为评价教学效果与己无关，仅仅是为了应付学校才参加评教，所以并不基于事实做出评价。其深层次原因是，在教学效果评价中，学生和教师之间出现相互制约的关系。一方面，学生担心真实地评价教学效果可能导致后续课程成绩被教师刻意压低，另一方面，由于教学效果评价成绩与教师的晋升、奖励等挂钩，导致一些教师不愿从严要求学生，甚至某些老师刻意讨好学生，致使学生评价教学效果的积极性不高，通常，学生以自己的需要或喜好来评价教师，无法客观、公正、公平地做出评价。这种教学效果评价不但无法真实地反映出双语课程教学效果，同时也给教师和学生造成了困扰。

6. 双语课程教学效果评价中形式重于实质

双语课程的实质是为了让学生掌握一门专业课知识，双语教学是其表现形式。在教学过程中，如果能用外语教学形式，使学生很好地掌握专业课知识，则是最为理想的教学效果。但是，当二者不可兼得时，就存在实质与形式谁居于主导位置的问题。是为了保证教学效果，而暂时减少外语教学手段的使用？还是为了坚持外语教学的特色，而忽视教学效果的实现？通过对学生的访谈得知，在双语课程中，某些老师为了片面追求外语教学的特色，而不重视学生对专业课知识的理解与掌握，最终舍本逐末，使得学生既没有掌握专业知识，外语的提升也极为有限。

四、学生体验视角下双语课程教学效果评价的基本原则

1. 明确双语课程教学效果评价对象

双语课程的直接受众是学生，学生对一门课程的最大期待是掌握相关知识，因此从学生体验视角考察，应将双语课程教学效果评价对象指向课程本身，而非评估教师个人，所以，应围绕课程本身来设置相应的评价指标，摒除指向不明的评价指标，提升评价分析结果的准确性，为之后做出教学效果提升的决策奠定基础。

2. 合理分配双语课程教学效果评价主体的权重

基于学生体验视角的双语课程教学效果评价，应着重于获取因教师的教学行为给学生带来的学习过程体验，评价结果将用于及时地促进教师改进与反思其教学行为，从而提升双语课程教学效果，掌握学生在双语课程学习中获取的感知，

即内容理解感知、互动交流感知、学习主体感知等。因此，这就要求在双语课程教学效果评价过程中，保证评价主体避免过度多元化，应借鉴互联网思维，重视学生作为受众的体验，并从学生体验视角考量教学效果评价的出发点。当需要设置非单一评价主体时，要合理设置评价主体的权重，避免出现权重分散的情况，否则，将导致评价结果趋向中庸化，无法在实质上发现提升双语课程教学效果的有效途径。

3. 明晰双语课程教学效果的评价目的

基于学生体验视角出发，明晰双语课程教学效果的评价目的，使其真正回归到教学层面。斯塔弗·凯恩曾指出"评价最主要的目的不是证明，而是改进"。双语课程教学效果评价的目的应明确定位于发现问题、解决问题，不断促进专业发展、提高教学质量，进而使得学生获得更为优质的教育。

4. 丰富双语课程教学效果评价方法

为了使学生能基于体验更好地对双语课程教学效果做出评价，就应使评价方法多元化，在现有定量评价方法基础上，增加定性评价方法。定性评价方法是质性研究的应用，能细致挖掘和观察评价对象的具体特征和内在规律，在真实、自然的环境中开展评价活动，获得对双语课程教学效果的充分理解。定性评价方法采用分析与归纳模式对访谈、观察所获得的信息进行提炼与分类，是基于评价对象角度对问题进行描述、解释与价值判断评价。定性评价方法有助于评价客体了解自身问题，有助于评价客体与主体进行双向交流，体现当代发展性评价和"以人为本"的理念，但定性评价方法较为依赖教学效果评价主体的责任感与经验，难以精确比较和把握。所以，为了使学生能更好地做出基于体验教学效果的评价，需要综合运用定性评价方法与定量评价方法，二者取长补短，才可以相得益彰，才能对双语课程教学效果做出较为确切和全面的判断。具体来说，可以综合利用评价表、座谈会、跟踪评价等多种方法。根据设置的评价指标，制定双语课程教学效果评价表，在每个学期末，由学生综合评价其所上的双语课程教学效果，应基于定性与定量方法的综合运用来设计评价表。双语课程座谈反馈会应每个学期都有针对性地召开，教师与学生分析总结双语课程教学情况，对如何提高和改进双语课程教学效果进行讨论与交流，并提出整改措施。跟踪评价是对某一门双语课程，在第一年评价完成后，继续进行教学效果的跟踪评价，从而能及时督促落实整改措施，比较评价结果，为后续的教学整改工作提供必要的信息参考。

5. 使学生正视双语课程教学效果评价的作用

使学生正确认识到双语课程教学效果评价对提高教学质量、改进教学工作的重要性，并认识到自己在评价过程中的主体地位，从而赢得学生对双语课程教学效果评价工作的支持和理解。此外，应排除评价过程中可能存在的学生和教师之间的相互制约问题，使学生能表达出真实的评价意见，促进教师对教学工作的反思与改进。

6. 双语课程教学效果评价应坚持实质重于形式

在双语课程中，当无法用外语教学形式使学生很好地掌握专业知识时，应遵循实质重于形式的原则，灵活地在"完全浸入式"教学模式、"过渡式"教学模式与"维持式"教学模式之间切换，首先应保证学生们对专业知识的掌握，而不应一味地强调外语教学这一形式化的目标。

五、结论

2001 年起，我国高等院校加速开展双语课程教学，学术界和教育界也日益重视双语教学。在双语教学发展过程中，教学效果评价工作具有重要的地位，为双语教学的发展起到保驾护航的作用。然而，目前我国双语课程教学效果评价工作存在一些不容忽视的问题，本文对基于访谈法所获得的数据做出分析，指出我国双语课程教学效果评价对象模糊、双语课程教学效果评价主体的权重分配问题、双语课程教学效果评价目的的功利化、双语课程教学效果评价方法单一、双语课程教学效果评价存在相互制约问题、双语课程教学效果评价中形式重于实质，这些都阻碍着我国双语课程教学效果评价工作发挥其导向性作用。针对这些已凸显的问题，本文提出了我国双语课程教学效果评价工作应遵循的基本原则，即明确双语课程教学效果评价对象，合理分配双语课程教学效果评价主体的权重，明晰双语课程教学效果的评价目的，丰富双语课程教学效果评价方法，使学生正视双语课程教学效果评价的作用，双语课程教学效果评价应坚持实质重于形式。希望有助于推进我国双语课程教学效果评价工作的顺利开展。由于双语课程都是基于不同的专业课程开设，而不同的专业课程又各有其特点。因此，本文作者希望能基于自身的专业背景展开后续的研究工作，分析经管类双语课程教学效果评价工作所应遵循的具体原则以及相关评价指标的设置。

参考文献

[1] 李艳，张虹，伍思翰，等. 浅论教育国际化视野下的双语教育 [J]. 教育与教学研究，2012 (5).

[2] 武利红. 普通高校双语教学政策探析 [J]. 教育教学论坛，2013 (5).

[3] 孟国碧. 国外双语教育模式介评 [J]. 长沙铁道学院学报（社会科学版），

2007（3）.

［4］陈莉. 全球化背景下的新加坡双语教育探析［J］. 外国教育研究，2010（3）.

［5］黄晓兵，韩磊磊. 大学生参与课堂教学质量网上评价状况实证分析［J］. 高教发展与评估，2010（1）.

［6］张海燕，张晓龙. 高校教学质量评价状况分析及优化对策［J］. 中国成人教育，2010（3）.

［7］袁耀宗. 澳大利亚大学生课程体验调查研究［D］. 长沙：湖南师范大学，2010.

［8］彭林，等. 基于课程体验的大学课堂教学质量评估问卷的开发［J］. 天津职业技术师范大学学报，2012（3）：74-78.

［9］周海林. 高校教师课堂教学质量评价存在问题及对策分析［J］. 教育探究，2010（4）：79-81.

［10］黄书真. 重点高校课堂有效教学现状调查与分析［D］. 湖南大学，2010：12.

［11］徐薇薇，吴建成，蒋必彪，龚方红. 高校教师教学质量评价体系的研究与实践［J］. 高等教育研究，2011（1）：104-107.

通识教育理念下二外经管类学科 数学教学的研究和实践

郝顺利

（北京第二外国语学院通识教育学院，北京 100024）

摘要： 本文结合深化我国高等教育改革的背景、北京第二外国语学院（简称二外）正在进行综合改革的现状和笔者教学与科研的实践，深入探讨通识教育的含义、特征和作用，二外经管类学科数学教学的现状和存在的问题，以及如何有效地开展这些学科的数学教学。

关键词： 通识教育　经管类学科　大学数学教学

一、引言

习近平于 2014 年 5 月 4 日在北大师生座谈会上的讲话中提出，要"深化我国高等教育改革……不断激发广大青年的活力和创造力"。2014 年，二外新校长曹卫东上任后，发起二外综合改革，在人才培养方面，坚持把中国传统文化教育融入人才培养的全过程，协同实施单位是国际传播学院和笔者目前所在的通识教育学院。以此为契机，本文结合笔者教学与科研的实践，深入探讨通识教育的含义、特征和作用，二外经管类学科数学教学的现状和存在的问题以及如何更有效地开展这些学科的数学教学。

中国大学本科教育目前在跨学科的广度和批判性思维的培养方面表现不够，注重专业教育、轻视通识教育的教育模式很难培养有创造力的科学家、工程师等人才。二外秉承"和易以思、人文化成"的教风，以国际化、高层次、复合型、应用性人才培养为根本任务，致力于培养具有国家认同和国际视野，具有扎实专业基础和综合知识素养的高素质人才。但二外尤其是其经管类学科的本科教育仍然缺乏跨学科的广度和批判性思维的培养。解决这个问题的一个有效方法是充分发挥通识教育的作用。美国很多大学的本科生前一到两年进行通识教育，接受不同学科的熏陶和浸润，后两到三年才开始接受专业教育，根据兴趣选择以后的出路。曾任芝加哥大学校长的赫钦斯（R. M. Hutchins，1899—1977）说过："如果没有通识教育，我们就决不能办好一所大学。"

二、通识教育的含义、特征和作用

1829 年，帕科德（AS. Packard）在《北美评论》撰文捍卫耶鲁报告（The Yale Report of 1828）的文中，用通识教育（General Education）为共同学科辩护，这是"通识教育"一词首次出现。[1]1945 年，报告书《自由社会的通识教育》将通识教育界定为"非专业性、非工具性"的基础教育，目的是培养完整的人。通识教育是在对人与社会本质的认识基础上提出的一种大学教育思想、培养理念和培养模式，是指大学生均应通过一些共同课程的学习接受有关共同内容的教育，使学生用不同的"理解模式"（Mode of Understanding）来认识现象、获得知识，以便开拓学生的视野，了解与人生、社会相关的原则、知识和方法。具体地说，就是通过对人文科学、社会科学和自然科学的学习，使学生更具有社会适应能力。事实上，通识教育的任务就是培养学生良好的社会意识和沟通能力，让学生通过学术的熏陶，养成科学和文明精神，从而具备理性的力量。学生通过融会贯通的学习方式，形成较宽厚、扎实的专业基础以及合理的知识和能力结构，同时认识和了解当代社会的重要课题，发展全面的人格素质与广阔的知识视野。通识教育模式下培养出来的学生不仅学有专长，术有专攻，而且在智力、身心和品格各方面能协调而全面地发展；不仅具有高尚的道德情操、独立思考以及善于探究和解决问题的能力，而且能够主动、有效地参与社会公共事务，成为具有社会责任感的公民。[2]大学通识教育与专业教育有所不同，目的不仅在于单纯地向学生传授专业知识与技能，而更为关注学生作为一个"人"的最基本的思想、情感、能力、修养的需要。通俗地说，在高等教育领域中的通识教育目标就是要使受教育者不仅能够获得一技之长，而且具备一个健全的职业人和社会人所必须具备的足够的文化、社会生活常识及正确的道德和价值取向。通识教育与专业教育相辅相成，各有侧重。在专业教育之外，通识教育帮助学生理解人生和社会问题，树立诚信、爱心、服务精神，学会坚持真理、热爱生活和承受压力，关注民族发展、国家命运，可以更好地促进专业能力的养成，对于培养全面发展的当代社会高层次人才不可或缺。二外经管类学科应该注重实施全面的通识教育、注重学生的个性发展，构建以培养"全面发展的人"为核心的通识教育平台。通识教育不只是人文教育，在当代社会，科学和科学的思考方式正以前所未有的影响力广泛影响着人类的各项活动。完整的通识教育必定是包含科学教育的成分在内的。高等数学作为高校通识教育的核心课程之一，在通识教育体系之中通过引导学生理性思考，培养学生的逻辑思维能力以及综合应用数学知识解决实际问题的能力，为学生今后的专业知识学习和职业发展所需提供必要的数学素养和技能。

在国内关于通识教育的文献中，大多数是研究普遍的通识教育，而有针对性地研究通识教育理念下经管类学科数学教学的文献（见文后［3］，但该文侧重于高职院校）并不多见；在现今我国大学的数学教学中，尤其是对非数学专业大学生的数学教学中，普遍比较重视专业教育，轻视甚至忽视通识教育。因此我国对通识教育理念下经管类学科数学教学的研究和实践还远远不够。

三、二外经管类学科数学教学的现状和存在的问题

纵观二外的发展和变迁，数学教育从无到有，走过一个渐进发展的道路，从最初没有数学课程，到开设数学课程，从开设一门数学课程，逐渐发展到开设多门数学课程。二外于 2005 年 7 月 8 日在国际经济贸易学院（现在的经贸与会展学院）设立高等数学教研室，简称数学教研室。数学教研室的任务主要是负责全校所有相关院系的高等数学及有关数学课程的教学管理和日常授课。2015 年，数学教研室划分到新成立的通识教育学院。二外专职数学教师队伍的建设和发展也极其缓慢，2003 年 8 月在编数学教师只有 1 人。经过近几年新教师的招聘，数学教研室现在共有在编数学教师 4 人。二外经管类学科的数学教学一步步发展到今天，有一些符合二外实际的经验和做法，也存在着一些问题和不足。

1. 数学教研室教师缺编严重，数学教师队伍需要审核

数学教研室在每一学年的第一学期承担 40 个班的数学教学任务，学生约 1 200 人；在第二学期承担 23 个班的数学教学任务，学生约 930 人。如果按 60 人（两个班级合班，实际上有一些课程并不能合班）作为课堂人数，我们将有 20 个课堂。如果按教师周工作量 7~8 学时计算，我们需要教师 10 人，才能完成工作量。就目前在编的 4 人而言，教师人数短缺，青年教师比重大，教学任务极其繁重。由于数学教师缺乏，以前二外曾允许既非教师又非辅导员的行政人员开设高等数学课程作为补充，他们很有讲课热情，但是学校或者相关学院并不对其讲课资质进行审查和考核。

2. 课程设置重理论轻应用，忽视专业需求

现阶段的二外经管类学院中，数学教学仍习惯用普通教育，过分强调理论知识的学习和知识结构的完整性，而忽略了数学的工具性，尤其是没有体现出数学在解决经济管理类问题中的重要性。这种教学方式造成了数学教学与专业教学脱节，教学目标与二外的总目标偏离的结果。

3. 课时安排重英语和专业课，轻数学

二外经管类学院的课程安排将重点放在英语和专业课程上，高等数学的课时被大大压缩。内容多、课时少的现象使一些重点内容和应当精讲的内容在教学过

程中难以展开，其至删掉了一些重要的课程内容，如线性规划等，使得一些后续专业课（如计量经济学、证券投资基金运作等）的教学无法有效地开展，严重影响到二外经管类学院的教学质量和效果。另外，由于课时的制约，课程内容既要完整充实，又要深入浅出，教学难度很大。

4. 教师对学生忽视个体差异，没有广博的知识结构

由于教育发展的不平衡性，二外经管类学院的生源比较复杂，这就使学生个体数学基础和学习数学的兴趣各不相同，教师在教学时往往不能充分重视并采取行之有效的办法。另外，数学教师大都具有扎实的专业基础，但对经管类知识知之甚少，不能结合经管类专业的基本问题来激发学生的兴趣。

5. 教师教学方法和手段单一

二外经管类学院数学课目前采用大班甚至超大班教学，由于学生人数众多，专业背景不同，在教学组织上难度很大。在教学方法上，运用案例分析与讨论、团队课堂演示等难度较大，学生对于如何进行案例讨论、模拟等没有先期的实践经验，组织多样化教学活动效率不高，效果也不尽理想。在教学手段上，目前的数学教学或者全为板书，或者只有PPT，没有在发挥传统教学优势的同时融入现代教育技术。

6. 教与学的积极性不高

二外经管类学院数学课与专业课相比不太受重视，在师资配备上缺乏激励政策。在教改立项、教学测评、课时津贴等方面，对于工作量大、教学难度大、教学影响面大的数学课重视不够。因此，教师上数学课的积极性不是很高。另一方面，学生对于数学课也重视不够，很多人认为数学课不过是专业课的补充，因此学习的积极性也不是很高。

四、如何有效开展二外经管类学科的数学教学

2015年，二外开始进行轰轰烈烈的综合改革，在这样的氛围和机遇下，二外经管类学科数学教学改革也应该稳步推进。针对第三部分中的问题，如何有效地开展二外经管类学科的数学教学就成为重中之重。通识教育是培养大学生综合素质和创新思维的重要载体。实行通识教育，不仅需要有创造性的教师，还需要改变目前的教学理念和方法。我们需要探索适合二外经管类学科特点的通识教育模式和在通识教育基础上的个性化人才培养体系。我们可以依托旅游管理学院、酒店管理学院、国际商学院和经贸与会展学院，把通识教育渗透在数学教学实践中。我们采用研究性教学模式，引导学生亲身探索，让学习者"体验"知识的产生、学习和使用的过程，将课内讲授与课外实践、教师引导与学生自学、学习教

材与课外阅读有机结合并达到完整、和谐、统一。

1. 师资梯队建设规划

根据二外 2012 版本科生培养方案和目前数学教研室所承担的教学工作量来考虑，在未来 3～5 年内，数学教研室的在编数学教师人数应该扩大到 7 人左右，也就是未来需要陆续招聘新教师 3 人左右。在编数学教师的职称结构将规划为：教授 1 人，副教授 3 人，讲师 3 人。如果必须雇用行政人员兼高等数学课，学校或相关学院应对这些兼职教师的讲课资质进行审查和考核。

2. 课程设置要既重理论也重应用，要重视专业需求

二外经管类学科的数学教学应符合通识教育的理念，既注重理论知识的学习和知识结构的完整性，也注重数学的工具性，要充分体现数学在解决经济管理类问题中的重要性。二外经管类学科的数学教学应以应用为目的，以适度够用为尺度，但在实践中我们既不能把"适度够用"原则片面理解为仅仅满足专业课学习的需要，人为地削弱数学在经管类学科教育中的地位和作用，也不能无限夸大数学的地位和作用，脱离经管类学院教育的定位和培养目标。

3. 在较短的课时中让学生有尽可能大的收获

面对国内经管类高校和高校中经管类学院高等数学的课时被大大压缩的现实，这些院系的数学教师理应有所作为。笔者的经验是，授课中采用比教材更好的逻辑顺序和解题方法，课堂上突出重难点、精讲精练，在课末就清楚地列出下次课需要学生准备的具体内容。当然这样做的前提是，教师要不断提高自己的知识水平和教学能力，课前认真钻研教材、钻研学生、钻研课堂，认真备课。

4. 重视学生的个体差异，拓宽自己的知识结构

教师在教学中要充分重视学生的个体差异并采取行之有效的办法。另外，每一位数学教师都应与时俱进，淡化数学教师与专业教师的界限，实现一专多能，在努力做好科研的同时，结合经管类专业的基本问题，以专业问题激发学生的兴趣。

5. 改进教学方法，变换教学手段，重视数学思想的渗透

二外经管类专业以文科生居多，对他们而言，高等数学不仅抽象而且枯燥，而文科生感性认识比较强，对历史比较感兴趣，善于从生活中进行思考。因此，教师应该设计情境，激发学生的兴趣，使学生带着兴趣去学习，变被动为主动。具体可从以下五个方面努力：

（1）引导学生模拟数学家思考问题的方式，"再现"研究过程

波利亚（G. Polya）在《数学与猜想——数学中的归纳和类比》[4] 中指出："对于正积极搞研究的数学家来说，数学也许往往像是猜想游戏：在你证明一个

数学定理之前，你必须猜想到这个定理，在你搞清楚证明细节之前，你必须先猜想出证明的主导思想。"在教学过程中，引导学生模拟并学习数学家思考问题的方式，"再现"数学研究及应用的过程，使学生置身于某个历史阶段，摒弃掉许多已知的知识，像当年的数学大家们一样，体验并学会在一片黑暗中摸索前进。学生大都怕出错，这种现象折射出在应试教育体系下传统教育模式的一大弊端。我们知道，在数学史上，创造性的研究发现往往要经历"猜测—不断试证—不断纠错—确证真理"的过程，杰出的数学家大都有类似的经历。法国大数学家阿达玛（J. Hadamard）在《数学领域中的发明心理学》[5]一书中指出："在数学中我们不怕出错误，实际上错误是经常发生的。"数学史启发我们：大数学家们出的错通常要比一般人多，但他们总是在不断地加以改正，所以在最后的结果中那些错误的痕迹已不能看出。因此要鼓励学生去积极尝试，不怕错，不怕因问题提得简单而被嘲笑，通过不断的纠错去体会真正的科学研究。在二外经管类学科的数学教学实践中，笔者一直重视并践行这种方法。2014年12月24日，旅管141班全体同学送来的一张卡片里写道："在一个学期的学习生活中，我们学习到了您传授的知识（数学家的思维）……"

（2）介绍数学哲学和数学史，加强对学生数学文化的熏陶

数学来源于现实世界，最终也应用到现实世界。要让学生领悟到，教材上的定义、定理、公式等不是凭空产生的，他们背后往往都有一段生动的关于数学家和数学发现的故事；教材上系统完整、逻辑严密、准确无误的知识并不是开始就有的，在数学发展的历史中，它们也曾经离散凌乱、前后矛盾甚至出现错误。在数学教学过程中，教师可以通过对相关数学哲学的介绍，引导学生怎样形成假设，怎样进行论证，怎样形成属于自己的见解；通过介绍数学概念的起源和背景，帮助学生了解数学思想的形成过程；通过介绍数学家的奇闻轶事，增添课程的趣味性，激发学生的兴趣和好奇心。结合课程适时讲述数学史，展现"数学之美"；介绍数学在当今高新技术中的应用，体现"数学之用"。激发学生的好奇心，增强学生献身科学与追求真理的意志和决心，从而加强对学生的文化素质、态度、情感与价值观的培养，这是符合通识教育理念的。笔者在数学教学中十分注重讲解知识的背景、结构与应用，以增加学习兴趣和减轻学习难度。以笔者对坐标系的教学为例，笔者是从以下几方面进行的：①从数学史的角度阐释坐标系概念引入的伟大意义；②把平面直角坐标系、空间直角坐标系、极坐标系、球面坐标系等纳入一个整体的框架，通过比较进行讨论和学习，使学生领悟到坐标系的作用和设置的灵活性；③对坐标系中象限、卦限等术语的介绍，让学生领略到中西文化的融合，感受到数学文化的魅力。

（3）使学生感悟到知识和思维是立体的、多元的

任何知识都不是孤立的，好的思维也不是单一的。在数学教学中，探究的因素应该贯穿于整个教学过程，所要学习研究的问题刚开始时好像是具体的、清楚的，随着老师的引导，经过一个过程后，学生才慢慢发现自己需要思考的问题，并随着学习的深入，更多值得思考研究的问题才逐渐显现出来。在这一过程中，学生再结合自己的知识结构和所学专业，就会认识到：课本上的看似纯粹数学化的公式、定理有丰富的发展渊源，与其他各门学科知识有着各种各样的关联。教师要从不同学科的渗透中对某一知识进行全方位、多角度的分析，要设法让学生在已知和未知、在问题和答案的转换中提出有意义的问题。笔者在每一门高等数学课的第一节都会介绍该课程需要从知识系统的纵向联系和思想方法系统的横向联系这两个维度上更好地把握学科的基本结构，在以后的教学中，也经常强调要在比较和联系中学习，才会有好效果。

（4）课堂教学中引导学生运用数觉和体会到数学美

数觉是数学直觉的简称。数学直觉是指运用经验观察、知识组块和形象直感对当前问题进行敏锐的分析，并能迅速发现解决问题的方向或途径的思维形式。简单地说，数学直觉是具有意识的人脑对数学对象（结构及其关系）的某种直接的领悟和洞察。[6]通过引导学生形成自己的数学知识体系并灵活运用数学思想方法，培养学生敏锐的观察力和丰富的想象力，鼓励学生进行数学猜想，激发学生对数学美的追求，提示学生注重数形结合能力和数学语言的直观性，帮助学生用逻辑推理弥补数学直觉的不足，留给学生运用数学直觉的时间和空间这些具体的策略，完全可以在大学数学教学中培养学生的数学直觉。数学美是一种与真、善紧密联系的，人的自由创造的本质力量通过数学思维以宜人的形式在数学理论中呈现。通过引导学生提高美学修养和艺术修养，有意识地把与教学内容有联系的美的因素引入课堂教学，要对事业、数学和学生充满真挚热爱的情感，引导学生积极投身于数学的创造实践这些具体的方法和途径，完全可以在大学数学教学中培养学生的数学审美能力。

（5）课堂教学中融入数学建模的思想和方法

全国大学生数学建模竞赛创办于 1992 年，每年一届，目前已成为全国高校规模最大的基础性学科竞赛，也是世界上规模最大的数学建模竞赛。培养学生把实际问题转化为数学问题的能力，必须重视数学建模的训练。参加数学建模的学生面对的是从未碰到的实际问题，这些问题在他们的知识系统中没有现成的方法和求解公式，可使学生能亲身体验数学的创造和发现过程，锻炼他们把数学理论运用到实际问题中的能力，培养他们的创新意识、创新精神和创新能力，获得在

书本中、课堂上所无法获得的宝贵经验。在实践中，笔者从以下几个方面努力。首先，在讲解高等数学经典理论时，尽量和生活、工作中遇到的案例相结合，通过融入数学建模的思想和方法，让学生了解数学模型的初步知识，掌握一些建模的基本思路，进而把数学建模的思想引入到高等数学课堂上。其次，建议学校继续开设数学建模选修课，培养学生运用数学工具解决实际问题的能力。另外，在学校开展数学建模社团活动，在全院选出优秀学生组建数学建模团队。最后，进行暑期数学建模专题讲座、赛前指导、组织赛前热身预赛，选拔一些优秀学生参加全国大学生数学建模竞赛。通过这些活动，可以让学生直观、深刻地感受到数学具有很重要的作用。另外，由于是组队参赛，数学建模竞赛还可以培养他们的团队合作能力。

（6）变换教学手段，融入现代教育技术

借助现代教育技术，可以展示几何图形，模拟他们的复杂变化，使得老师的讲解过程不再是枯燥的黑板演算和推导，而是将数学分析与空间几何有机地结合起来。计算机在数学教学中的运用越来越广泛，相应的数学软件扮演的角色也越来越重要。"数学实验"作为一种新型的教学模式，将数学知识、建模知识以及计算机应用三者融为一体。对高等数学的学习，二外经管类学科应适当地增加数学实验的课程，借助 Matlab、Mathematic 等数学软件，既可以制作直观的几何图形，也可以轻松求解矩阵计算、金融建模、最优化等多方面的问题。现代教育技术的运用，既有助于学生对抽象概念和理论的理解，丰富课堂教学内容，激发学生的学习兴趣，又可以培养学生的动手能力，使学生逐步了解如何利用数学知识结合计算机软件来解决实际问题。但是，对于以证明和计算见长的高等数学来说，黑（白）板和粉（白板）笔也是必不可少的。因此，将现代教育技术引入大学数学的教学中，仅仅是利用现代教育技术辅助教学，而不是完全取代传统教学手段。应该把传统教学手段与现代教育技术有机地结合起来。

6. 大力提高教与学的积极性

二外经管类学院的数学课应该受到足够的重视，学校在教学测评、课时津贴、教改立项等方面，不应该"一刀切"，理应对数学教师给予适当照顾，以便充分调动数学教师的积极性。另一方面，专业教师尤其是数学教师有责任让学生体会到数学课的重要性，体会到数学的美和用，提高学习的积极性。

五、结束语

通识教育的育人理念必然对经管类学科的数学教学提出更高的要求。专业教育与通识教育的有机结合，理应成为二外经管类学科数学教学改革的指导思想。

因此，对二外经管类学科数学教学进行改革，建立具有国家认同和国际视野、具有扎实专业基础和综合知识素养的国际化、高层次、复合型、应用性的高素质人才培养的数学教学体系势在必行。

参考文献

［1］Levine，Arthur. Handbook on Undergraduate Curriculum ［M］. San Francisco：Jossey-Bass Publishers，1988.

［2］陈向明. 对通识教育有关概念的辨析 ［J］. 高等教育研究，2006，27（3）：64-68.

［3］赵培勇，申合帅. 通识教育理念下的高等数学课程体系研究与探索——以经管类高职院校为例 ［J］. 现代职业教育，2015，（7）：53-54.

［4］（美）波利亚（G. Polya）著，李心灿，王日爽，李志尧译. 数学与猜想——数学中的归纳和类比 ［M］. 北京：科学出版社，2001.

［5］（法）阿达玛（J. Hadamard）著，陈植荫，肖奚安译. 数学领域中的发明心理学 ［M］. 大连：大连理工大学出版社，2008.

［6］郝顺利. 大学数学教学中数学直觉的培养 ［J］. 北京第二外国语学院学报（增刊），2015：35-37.

新疆、西藏少数民族学生
大学适应性教育探究

郑雪亭

摘要：大学适应性教育是高校思想政治工作的重要一环，如何在大学适应性教育问题上不断创新，帮助学生尽快适应大学生活进而适应社会需求，是思想政治工作者不断思考的问题。本文基于北京第二外国语学院学生工作实际，特别将新疆、西藏少数民族学生作为研究对象，在分析适应性障碍产生原因的基础上，结合学院学生工作，对新疆西藏少数民族学生的大学适应性教育进行了创新性探索。

大学生适应性教育是高校思想政治教育工作者广泛关注的议题，大学新生在思想认识、自我认知和定位，学习方式、学习能力、学习习惯，同学关系、与家人的关系等方面存在着诸多矛盾和不适应，需要高等学校教育工作者重视大学生的适应性教育，帮助其有意识地适应环境，在原有心理水平和生活能力的基础上找到思想、学习、生活方面的最佳状态。北京第二外国语学院作为北京市属高校，民族学生尤其是新疆、西藏少数民族学生占到不小的比重，而新疆、西藏少数民族学生因其民族身份、心理素质的不同以及文化背景等方面的差异，面对全新的环境，在学习以及生活方面出现了一些特殊的不适应现象，因而也需要更具针对性的大学生适应性教育模式。

一、新疆、西藏少数民族学生的特殊性与适应性障碍

新疆、西藏少数民族学生因其特殊的文化背景，在大学适应方面出现了不同于其他同学的特点，面临着特殊的大学适应性障碍。

1. 宗教信仰不同，民族意识较强，易结成"小团体"。由于文化背景、风俗习惯、宗教信仰的不同，新疆、西藏少数民族学生有强烈的自尊心和民族情感，加上民族文化、习俗、宗教等问题的敏感性，使得他们更倾向于与本民族同学相处，形成民族内的"小团体"，而与其他同学的交流与融入远远不够。新疆、西藏少数民族同学参与学生会、担任班干部亦寥寥无几，整体来讲，难以融入班级

整体以及找到班级和学校的归属感。

2. 学习基础薄弱，学业困难突出。新疆、西藏的少数民族学生在学业方面普遍面临着基础弱、困难大的问题，加之对汉语语言环境的不适应和大学自主学习模式的不适应，不少同学尤其在英语、高数等课上难以跟上老师的节奏，课后难以做到自主学习和复习，导致学习效率低、效果差，考试通过率低，进而造成上课出勤率低、学习积极性差的恶性循环。

3. 家庭经济困难。新疆、西藏少数民族同学大多数来自偏远地区和民族地区，普遍面临家庭贫困的问题，多数被评定为"家庭经济困难学生"，高等教育的开销成为家里较重的负担，也为学生的学业发展带来不小的压力。

4. 气候差异、饮食与生活习惯差异导致身体不适。新疆、西藏少数民族学生由于生活习惯差异、气候不同等因素，造成水土不服，出现突发性疾病，生理和心理上较为敏感和脆弱，需要进一步的帮助与支持。

二、探索新疆、西藏少数民族大学生适应性教育的新模式

结合新疆、西藏少数民族大学生特点与社会需求，多方联动，从人员配备、文化适应、学业帮扶、资助体系、针对性学生活动等多方面，探索其适应性教育的新模式。

1. 构建全员育人队伍，做好思想政治引导与心理疏导

学校构建了辅导员、班主任、朋辈导师等多方联动的育人队伍，定期召开班会、少数民族座谈会、节日慰问会，了解新疆、西藏少数民族学生的学习与生活情况；任课老师兼班主任对其学业与学术发展规划上进行指导与帮扶；学生朋辈导师以学长学姐的身份及时与同学们交流沟通，进行思想疏导、学习生活援助与学习监督，对新疆、西藏少数民族同学的适应性教育开展全员联动的培育模式。

2. 推动文化交流，营造开放包容的文化氛围

（1）举办跨文化交流 party。依托我校国际学生、民族学生众多，文化多元的平台，邀请不同国家、不同民族、有着不同文化背景的同学参与并分享，通过别开生面的民族文化习俗介绍、民族艺术展示、民族歌舞表演等，为不同文化背景的同学提供了彼此了解的平台，帮助同学们了解少数民族的历史与独特的文化，意识到民族团结与祖国统一的重要性，体会到各个民族和而不同、互相尊重、相聚于学校、携手共进的思想，也为新疆、西藏少数民族同学提供了文化交流展示平台与融入平台。

（2）制定 Buddy System（一对一）结对子制度。借鉴国外 Buddy 制度，为每一名新疆、西藏少数民族同学配备一名本地同学作为 Buddy，带领新疆、西藏

少数民族同学玩转北京、认识朋友和家中做客的同时，增进其归属感，帮助其尽快熟悉和适应新环境和新生活。

（3）配合实践课堂，组织学生进行实地文化考察。学院通过组织学生参观历史文化博物馆、民族文化展会等实践学习机会，为全体同学提供零距离接触民族文化的平台，了解中华民族历史变迁，在实践中体会，在学习中交流。

3. 开展学业辅导，解决学业问题

针对学业困难学生，学校与学院分别成立了学业辅导中心。校学业辅导推进通识教育课程辅导，院学业辅导促进专业课辅导。此外，为特别帮助新疆、西藏少数民族同学适应英语学习，学校专门设立了少数民族英语辅导中心，由优秀的新疆、西藏少数民族同学担任志愿者老师，更有针对性地对他们进行辅导，同时也起到了良好的榜样作用和激励作用。

4. 完善资助体系，减少经济压力

完善"奖、贷、减、免、勤、资、补"一体化助学体系和绿色通道贫困生入学体系，落实新疆、西藏少数民族地区的特殊奖助金与扶持政策。鼓励新疆、西藏少数民族同学参与学校的勤工助学岗位，在不同岗位上得到工作锻炼，同时减少自身的经济压力。

三、放眼未来，特色活动助力学生发展

学院结合学生学业学分、民族学生政策、未来就业、留学、考研等同学们切身关注的问题，成立"对话青春——学生成长工作坊"系列讲座，先后举行少数民族学生座谈会与政策宣讲，帮助新疆、西藏少数民族学生了解相关的政策要求与帮扶制度，并召开出国交流讲座、公务员考试讲座、求职面试讲座、考研讲座。利用学校学院资源，提供更切实的一手信息与资源，在职业规划、未来发展等方面提供指导与帮助，从根本上减少学生内心的焦虑。

总之，新疆、西藏少数民族学生的大学生适应性教育直接关系到大学教育的成效与学生的成长成才，高校思政工作者要与时俱进地分析背景因素差异的少数民族学生大学适应性教育的问题，努力搭建立体化培养平台，探索少数民族学生差异化、个性化教育管理模式，用卓有成效的大学生适应性教育打开高校教育的大门。

参考文献

[1] 张艳波，侯利军. 新时期高校少数民族学生差异化教育管理模式探索——以

东北林业大学为研究个案 [J]. 内蒙古师范大学学报：教育科学版，2014，27（1）：20-22.

[2] 夏吉莉，刘景刚. 内隐环境：大学生适应性教育的新视角 [J]. 现代教育科学，2008，（1）：63-66.

[3] 刘振月. 浅议大学生适应性教育问题 [J]. 科教文汇旬刊，2015（9）：25-26.

[4] 姬云香，杨萍. 教育背景差异对少数民族大学生适应性的影响研究——以兰州市三高校的藏族、蒙古族、维族大学生为例 [J]. 成功：教育，2010（10）.

[5] 胡发稳，李丽菊，李锐，梁庆. 边疆地区少数民族贫困生心理健康与人格特点分析 [J]. 中国健康心理学杂志，2006，14（3）：261-263.

研究生信息素养课程
教学模式的 MOOC 化优势

高 静

摘要： 目前，研究生信息素养教育的重要性已经有很多学者谈及，但其教育自身无论是宏观层面，还是微观层面，都面临着十分严重的问题，而 MOOC 这种教学模式的特点恰好可以在很多方面为研究生信息素养教育提供补充，从而实现研究生信息素养教育的快速发展。

一、研究生信息素养教育现状

1. 宏观层面：重视不够、缺乏完善的体系指导

研究生信息素养教育，在我国开始于 20 世纪 90 年代末，大多是在高校以文献检索课的形式进行的，部分区域性的信息素养标准已经制定，但还没有形成全国范围内统一的信息素养标准，如，2005 年，由清华大学和北京航空航天大学图书馆共同制定了《北京地区高校信息素质能力指标体系》，包括 7 个维度、19 项指标、61 条指标描述。

国外对于信息素养的研究则时间更早，已成体系，并且成效显著。如美国于 1989 年就由美国图书馆协会发表了信息素养研究报告；2000 年发布的《高等教育信息素养能力标准》，成为许多国家制定信息素养标准的参考和基准；2014 年 11 月，又发布了《高等教育信息素养框架》第三版，由六个部分组成，每部分都包含阈值概念（Threshold Concepts）、知识实践（knowledge Practices）和意向（Dispositions）三个方面的内容，旨在构建 Web 2.0 环境下的学术圈和信息协同行为。从 2009 年开始，美国把每年的 10 月定为信息素养宣传月，更是将信息素养教育提高到了关乎社会生产力进步、国家信息实力，乃至国家长远发展的高度，根本目的是培养创新精神，用批判性的思维处理事情。

2. 微观层面

（1）信息素养教育内容不全面

被普遍认可的信息素养的定义是 1989 年由美国图书馆协会提出的，即信息

素养就是人们能够充分认识到何时需要信息，并有能力去获取、评价和有效利用所需要的信息的能力。

2014 年由美国大学与研究图书馆协会（ACRL）发布的《高等教育信息素养框架》中的全新的定义，即信息素养是一系列连续的能力、实践与思维习惯，并通过参与信息生态系统拓展深化学习。《框架》的附件 1 更是对信息素养进行了这样的阐述：信息素养是一套综合能力，包括思考、发现、理解信息如何阐述、如何实现价值，并用信息创造新知识，以及参与信息活动的道德。

我国针对研究生的信息素养教育都只是停留在信息搜索技能上，把信息素养等同于信息能力，仅仅关注技术层面，很少涉及信息评价、信息道德等方面的内容。

（2）信息素养教育缺乏主动性和针对性

我国高校针对研究生开展的信息素养教育形式有：课程教育，如文献检索课；非课程教育，如入馆教育、专题讲座，以及少量的嵌入式教学。文献检索课是大多数高校采取的主要形式之一，但由于教学内容单一，基本上是在传统的文献检索理论、数据库的使用和检索技能的培训；而非课程教育又因为宣传力度及研究生入学信息素养能力参差不齐等原因，致使参与人数不足，效果并未达到预期目标。不管是课程教育，还是非课程教育，都没有调动研究生学习的主动性和积极性，不能针对学生的所需进行更切实有效的个性化教育。

（3）信息素养教育缺乏连续性和系统性

很多高校的研究生在整个学习阶段，对于信息素养方面的教育是分散的，没有连续性和系统性，参加完入馆教育之后，就基本没有接受过有关信息素养的教育，选择参加主题数据库培训只是一种偶然行为，且学习内容较为单一，文献检索课在知识传授上虽然系统性较强，但是课程之后由于缺乏实践操作，到撰写毕业论文阶段仍然困难重重，无从下手。

二、研究生素养教育的重要性

研究生作为高层次人才，其信息素质必须要为创新能力的发展奠定基础，在研究生科研能力提升过程中，信息素质能力扮演着重要角色。研究生信息需求的特点是专业性强，信息量大，获取的信息既要有溯源性，又要有新颖性。良好的信息敏感度和信息处理能力可以使研究生更好地把握研究领域的研究现状、趋势、重点和难点，更好地促进研究生科研能力的提高，而这些信息的获取与持续跟踪，都必须以较强的信息素质为基础。

三、MOOC 教学模式的优势

MOOC，即"Massive Open Online Course"的英文缩写，可直译为"大规模在线开放课程"。大规模指的是参与课程的学生人数以及课程的活动范围；开放性不仅体现在授权开放、课程结构开放、学习目标开放以及课程注册和退出自由，而且还体现在信息、知识、观点和思想的自由共享等方面；在线是指通过互联网络的形式进行课程学习以及知识的交互和共享。MOOC，作为一种教学模式，有其特有的优势。

1. 以学习者为中心

MOOC 这种教学模式打破了以往教师讲授、学生被动听讲的模式，转向以学习者为主导的主动教学模式，利用问题或具体案例来实践，以促进新知识更快地融入学生已有的知识体系。其教学目标不仅是让学生了解和记忆知识，而且让学生能够利用学到的知识解决实际问题，真正有助于信息素养的提升。

2. 符合碎片化和交互式的学习需求

为了适应数字时代人们快速学习的需求，MOOC 体现出了碎片化与知识关联的特征，MOOC 教学环境下的教学参考信息应当从教师、学生、教学平台以及信息资源四者的互动角度出发，加工并整合多种格式、多种类型的文献资源，以知识点为核心，进行碎片化和关联性整合，最终形成以知识点为前端显示，不同格式的资源为后台数据支持的多层次智能化教学参考体系。MOOC 使用客观自动化的线上评价体系，如随堂测验、随堂考试、同群审查等方式与学生进行互动和回应，要求老师不仅要学会在线教育技术，还要学会真正关注学习者的需求。

3. 富媒体化

富媒体并不是一种具体的互联网媒体形式，而是指具有动画、声音、视频或交互性的信息传播方法。MOOC 是没有教材的课程，它是在动态的组织课程，围绕微课程的各个环节和主题，层层递进式发现知识，利用多种互联网媒体形式，实现教学目标。

国内高校可充分利用 MOOC 的优势与理念，将 MOOC 融入信息素养教育中，借鉴国内外高校信息素养 MOOC 实践的成功经验，不断探索和推进高校信息素养教育的改革和创新。

参考文献

［1］龚芙蓉. 基于文献调研的国内外高校信息素养教学内容与模式趋势探析［J］. 大学图书馆学报，2015（2）.

［2］孙颉，原保忠，张俊，李翠霞. 研究生信息素养教育之管见［J］. 图书馆学刊，2011（2）.

［3］贾慧婷. 国内研究生信息素养教育现状及成因分析［J］. 亚太教育，2015（5）.

［4］宫平，杨溢. 研究生信息素养教育模式探索［J］. 图书情报工作网刊，2012（11）.